KB151306

온·오프라인으로 소통하는

쌍방향 블렌디드 학급운영

김광희·오민택 공저

온·오프라인을 융합한 체계적인 학급운영 매뉴얼

박영story

머리말

교실에서 다양한 활동을 하지 못하는 상황에서, 제대로 학급운영을 할 수 있을까요?

온라인으로는 일방향 강의식 수업밖에 할 수 없지 않나요?

전면 온라인 수업 혹은 온라인 · 대면 수업 병행 상황에서 이러한 걱정을 가지고 계신 주변의 선생님들을 볼 수 있었습니다. 아마 많은 선생님들이 비슷한 우려를 하셨을 것입니다. 저 역시 그랬습니다. 기존에 연구했던 수업과 학급운영 방법이 더이상 유용하지 않을까 봐 걱정이 되었습니다. 그래서 변화하는 교육 환경에 적응하고자 스스로에게 이전보다 더 많은 질문을 했습니다.

'온라인 수업을 할 때, 학생들과 소통하며 학생들의 참여도를 높일 수 있는 방법은 무엇이 있을까?'

'학생들이 학교에 등교하지 않는 날이 있는데, 이런 경우 학급을 어떻게 운영하는 것이 효과적일까?'

'이전까지 교실에서 학생들과 함께 했던 학급운영 방법을 온라인에서도 적용할 수 있을까?

세상의 판도가 바뀌고 있다

코로나 팬데믹으로 인해 세상은 혼란스러웠습니다. 많은 사람들이 비자발적으로 경제활동을 중단해야 했고, 다양한 산업 분야에서 타격을 받았습니다. 특히 사람과의 밀접한 접촉이 필수적인 관광업, 외식업 등의 서비스업은 막대한 손해를 입어 정부의 특별 지원을 받기도 했습니다.

반면에 어떤 산업들은 변화의 바람을 타고 전례 없는 특수를 누리고 있습니다. 일상에서 비대면 자동화 시스템의 필요성이 증대되면서, 인공지능, 클라우드, 빅데이터, IoT, 5G 등의 키워드로 대표되는 4차 산업 기술들이 널리 상용화되고 있습니다.

진짜 블렌디드 러닝(Blended Learning)과의 만남

이런 변화의 시대에서 교육의 현재 모습은 어떠한가요?

약 10년 전부터 온라인과 오프라인 학습을 혼합한다는 뜻을 담은 '블렌디드 러닝(Blended Learning)'이라는 말이 미국의 교육학자들에 의해 쓰이기 시작했습니다. 이후 우리나라에서는 '거꾸로 교실'이라는 이름으로, 각급 학교에서 온·오프라인을 아우르는 새로운 수업 방식을 현장에 적용하려는 노력이 있었습니다.

하지만 이러한 변화는 일부 교실의 이야기였습니다. 우선 온·오프라인을 결합한 수업을 하기 위해서는 교사가 온라인 수업 도구 사용에 능통해야 합니다. 또 학급의 모든 학생들이 가정에서 온라인 학습을 할 수 있는 환경을 갖추어야 합니다. 무엇보다 기존의 대면 수업에서도 충분히 효과적인 학습을 할 수 있는데, 굳이 '온라인 연계 수업을 할 필요가 있는가?'라는 인식이 있어 블렌디드 러닝은 널리 적용되지 못하고 그저 '새로운 학습 방법'으로 남아있었습니다.

그러나 코로나 이후 교육 현장의 모습은 많이 달라졌습니다. '블렌디드 러닝'은 이름뿐인 학습 방법이 아닌, 교육을 하는 사람이라면 누구나, 즉시 익혀야 하는 교수학습방법이 되었습니다.

블렌디드 러닝을 넘어 블렌디드 학급운영으로

교사들은 배움을 촉진하기 위한 최적의 방법을 고안하여 수업에 임합니다. 수업 준비를 열심히 할수록 그 수업은 성공할 가능성이 높고, 성공한 수업은 교사로서 성취감을 느끼게 합니다.

수업을 잘하기 위해 교사는 수업만 준비하는 것이 아닙니다. 학습에 최적화된 환경을 만드는 것도 필수적인 일입니다. 질서 있는 학교생활을 위해 규칙을 함께 만들고, 학생들이 안정감을 가질 수 있도록 학급운영의 루틴(Routine)을 만들어야 합니다.

이 책에서는 온라인 수업과 오프라인 수업의 장점을 결합한 방식이 효과적이라는 것에 착안하여, 온라인과 오프라인을 연계하여 활용할 수 있는 효과적인 학급운영 방법을 다루었습니다. 이 책의 내용은 온라인·대면 수업 병행 상황에서만 적용할 수 있는 방법이 아닙니다. 상황에 따라, 전면 온라인 수업을 하거나 전면 대면 수업을 할 때 모두 적절히 활용할 수 있는 수업·학급운영 아이디어와 팁을 담았습니다. 저의 연구와 기록이 조금이나마 선생님의 학급을 이롭게 할 수 있기를 바랍니다.

미래 교육의 모습은…

미래학자들은 입을 모아 말합니다.

'인류가 과거의 전염병에서 살아남은 것처럼 머지않은 미래에 반드시 코로나 팬데믹도 극복해낼 것이다. 하지만 그 생활 양상은 과거와 같지는 않을 것이다.'

미래학자들의 예측처럼 우리는 다시 교실에서 학생들과 눈을 마주하며 배움을 나눌 수 있을 것입니다. 하지만 그 모습은 온라인과 오프라인 학급운영의 장점을 결합한 방식이 될 가능성이 높습니다.

온·오프라인 융합 교육이라는 미래 교육 역량을 기르기 위해 대한민국의 선생님들은 오늘도 끊임없이 연구하며 성장하고 있습니다. 이러한 우리의 노력은 변화무쌍한 미래에 단단히 마주할 수 있는 힘이 되어 줄 것입니다.

이 책이 나오기까지…

이 책의 집필을 마무리하는 시점에서, 떠오르는 고마운 분들에게 감사의 말씀을 올립니다.

임용 후 신규 발령을 받고 지금까지 교직에서 만나 함께 근무했던 선후배 동료 선생님들,
도담도담 학급운영 팀, 연수, 서적 등을 통해 교사로서의 성장에 도움을 주신 선생님들,
조금씩 성숙한 교사가 될 수 있도록 영향을 주었던 제자들,
언제나 존재만으로도 나에게 큰 지지가 되어주는, 삶의 의미인 나의 소중한 가족들,
모든 분들에게 진심을 담아 감사의 마음을 전합니다.

차 례

제 1 장

쌍방향 블렌디드 학급운영 및 수업 Preview

온·오프라인으로 소통하는 쌍방향 블렌디드(Blended) 학급운영

제**4**장

쌍방향 블렌디드 학급운영 Routine

제 5 장
쌍방향 블렌디드 학급운영 Activity

제 **6** 장
약속과 규칙을 배울 수 있는 온 · 오프라인 Play

쌍방향 블렌디드 학급운영 및 수업

PREVIEW

이제는 온라인에서 학생들을 만나는 것이 더 이상 어색한 일이 아닙니다.
온라인 학급운영과 수업은 자연스럽게 우리 교육의 한 부분으로 자리 잡게 되었습니다.

이 책은 '블렌디드(Blended) 학급운영'에 대한 안내서입니다.
이 책을 통해 온·오프라인을 아우르는 새로운 교육 환경에 적응하고,
스마트한 학급운영에 대한 여러 가지 아이디어를
선생님의 교실에 적용하시길 바랍니다.

몇 차례 개학 연기와 온라인 개학이라는 사상 초유의 사태를 맞이하다

코로나19 바이러스는 우리 삶의 곳곳에 부정적인 영향을 미쳤습니다. 특히 학교 현장은 치명적이었고, 새 학년도를 앞둔 시점에서 개학이 몇 차례나 연기되었습니다. 그리고 온라인 개학이라는 사상 초유의 사태를 맞닥뜨렸습니다.

교사, 학생, 학부모 모두 혼란스러웠습니다. 하지만 전국의 선생님들은 사명감과 책임감을 가지고 이 상황을 이겨내려 했습니다. 단 2－3주 만에 온라인 개학을 준비하고, 온라인 수업을 시작했습니다. 완벽하게 준비된 상태가 아닌 채로 시작했기 때문에 학교 수업이 미흡하다는 여론의 지탄도 받았습니다. 하지만 우리 선생님들은 시행착오를 겪으며 온라인 수업을 성공적으로 이끌기 위해 오늘도 고군분투하고 있습니다.

온라인 수업을 하면서 크고 작은 어려움과 시행착오를 겪다

처음 접하고 시도해 보는 일에는 크고 작은 실수가 따르기 마련입니다. 온라인 수업을 하며 겪은 어려웠던 점을 함께 떠올려볼까요?

① '콘텐츠 활용과 과제 수행' 수업에서 힘든 점

- 학생 관리: 온라인 수업에 출석하지 않는 학생, 온라인 학습에 태만한 학생 등
- 수업 준비: 수업 콘텐츠 제작 및 편집, 과중한 수업 시수, 저작권 등
- 과제 관리: 과제를 제대로 하지 않는 학생, 과제에 대한 적절한 피드백 방법 등
- 소통 부재: 학생들과 대면할 수 없어 발생하는 소통의 문제

온라인 수업 초기에는 '콘텐츠 활용과 과제 수행' 형식으로 진행된 수업이 많았습니다. 학생들은 콘텐츠를 보며 학습을 하고, 학급 과제방에 과제물을 제출했습니다. 그러면 선생님은 그 결과물을 보고 댓글을 달아줍니다. 그러나 과제를 아예 올리지 않는 학생에게는 피드백을 해줄 수 없었습니다. 또 선생님의 피드백을 학생이 잘 이해하고 받아들이는지 확인하기 어렵다는 문제가 있었습니다. 이런 점들을 보완하기 위해 점차 실시간 쌍방향 수업이 확대되었습니다. 그러나 이 역시 어려움이 뒤따랐습니다.

❷ 실시간 쌍방향 수업에서 힘든 점

- **출석 관리**: 시간마다 출석하지 않은 학생을 일일이 확인하는 것
- **학생 참여도 저하**: 화면을 끄거나 음소거를 하는 학생들이 생김
- **학습 성취도 확인**: 대답을 하지 않는 학생들, 학생 개개인의 학습 활동을 실시간으로 확인하기 어려움
- **소통 부족**: 인터넷 강의를 하는 것처럼 갈수록 단방향 강의식 수업이 되어가는 것

실시간 쌍방향 수업은 화상으로 학생들과 얼굴을 보며 함께 한다는 장점이 있습니다. 하지만 여러 가지 한계점들도 있었습니다. 교사들은 '내가 인터넷 강의 강사가 된 것인가?' 하는 정체성의 혼란을 느끼기도 했습니다.

성공적인 수업의 열쇠는 성공적인 학급운영이다

눈을 감고 코로나 이전의 교실 모습을 잠시 떠올려 보겠습니다. 생각만 해도 기분이 좋고 그립습니다. 성공적인 수업과 학급운영을 위해 우리는 어떤 노력을 했었나요? 다음 Q&A를 보며 곰곰이 생각해 보겠습니다.

Q1. 학생 지도에 있어 교사는 수업과 함께 무엇에 중점을 두어야 합니까?

A1. 교사는 수업만큼이나 생활지도에 힘써야 합니다. 1년 동안 평온한 학급을 만들기 위해서 '학급 세우기 활동'을 합니다. 특히 학기 초에 학급의 규칙과 질서를 만드는 것이 중요합니다. 규칙과 질서가 있는 학급은 서로 존중하고 배려하는 모습을 보여줄 가능성이 높기 때문입니다. 그래서 교사들은 수업 시간을 할애해서라도 생활지도를 합니다.

* 학급 세우기 활동이란?
체계적인 학급운영시스템을 만들기 위해 여러 가지 활동을 하는 것(학급의 약속 만들기, 모둠 활동의 규칙 정하기, 1인 1역 정하기 등).

Q2. 수업이 잘되는 학급의 생활 모습은 어떤가요?

A2. 수업이 잘 되는 학급은 학생들 간의 관계가 대체로 원만합니다. 교사가 안내하거나 중요한 이야기를 할 때는 경청의 자세를 취합니다. 그런 분위기와 태도는 자연스럽게 수업 시간에도 이어집니다. 수업 중 잡담, 말다툼, 장난 등의 문제행동 발생 빈도가 낮고, 학생들이 선생님의 말을 경청하여 원활하게 수업을 진행할 수 있습니다.

이렇게 성공적인 수업을 위해서 교사들이 수업 '만' 준비하는 것은 아니었습니다. '학급운영을 잘하는 교사가 수업도 잘한다.'는 교직의 오랜 격언처럼 학급을 잘 꾸려나가기 위한 학급운영 방법도 익혀야 했습니다.

이 책은 '블렌디드(Blended) 학급운영'에 대한 안내서입니다. 이 책을 통해 온·오프라인을 아우르는 새로운 교육 환경에 적응하고, 스마트한 학급운영에 대한 여러 가지 아이디어를 선생님의 교실에 적용하시길 바랍니다.

🖥 '블렌디드(Blended) 학급운영'이란?

① 학습효과를 극대화하기 위해 칵테일처럼 온라인과 오프라인 교육, 그리고 다양한 학습 방법을 혼합한 '블렌디드 러닝(Blended learning)'에서 착안한 용어
② 온라인 학습법의 장점과 오프라인 학습의 장점을 결합한 학습방법이 효과적이듯, 온라인에서의 학급운영과 오프라인에서의 학급운영을 결합한 방식
③ 온라인·대면 수업 병행 상황을 유연하게 대처하기 위한 학급운영 방법

효과적인 쌍방향 블렌디드 학급운영의 5원칙

교사들은 어떻게 하면 효과적으로 학급을 이끌어나갈 수 있을지 끊임없이 연구하고 고민을 합니다. 이 책에는 그 고민에 도움을 줄 수 있는 '온·오프라인을 아우르는 체계적인 학급운영 방법과 수업 팁(Tip)'을 담았습니다.

그럼 본격적으로 책 내용에 들어가기에 앞서 성공적인 '쌍방향 블렌디드 학급운영'을 위한 다섯 가지 원칙을 살펴보도록 하겠습니다.

① 수업·학급운영 도구를 능숙하게 활용하기

축구를 잘하기 위해서는 드리블, 패스, 슈팅 등 기본 기능을 익혀 자연스럽게 구사할 수 있어야 합니다. 기본 기능이 몸에 익어야 실제 경기에서 활약할 수 있습니다. 교사의 온라인 수업도 이와 비슷합니다. 학생들과 화상으로 만나는 프로그램 또는 교육 플랫폼의 다양한 메뉴 설정, 기능, 도구 등을 익히고 자유롭게 활용할 수 있을 때, 비로소 수업을 유연하고 막힘없이 할 수 있습니다.

몇 가지 한정된 기능과 도구만 사용하는 교사는 단조롭고 비슷한 유형의 수업을 하게 됩니다. 하지만 여러 가지 기능을 활용할 수 있다면 교과마다 혹은 차시별로 수업을 보다 입체적으로 구성할 수 있습니다. 화상 프로그램의 메뉴 설정과 기능은 2장에서 익힐 수 있습니다. 또한 블렌디드 학급운영에 날개를 달아 줄 구글 문서 활용법(문서, 스프레드시트, 프레젠테이션, 설문지)과 의견 수합 도구(잼보드, 패들렛, 멘티미터)의 활용법은 이 책의 부록에서 확인하실 수 있습니다.

② 학급운영의 주춧돌 세우기

교사는 매년 이전 연도의 익숙한 교실과 학생들을 뒤로하고 새로운 학생들을 만납니다. 매번 반복하는 일이지만 새 학기가 다가오면 왠지 부담스럽고 불안합니다.

준비가 되어 있지 않으면 새로운 시작이 두렵지만,

준비가 되어 있으면 설렙니다.

기대하는 마음으로 하루하루 유의미한 교육을 하기 위해서 교사 스스로 학생들을 맞이할 준비가 되어 있어야 합니다. 3장에서 다음 내용을 살펴보며 쌍방향 블렌디드 학급운영을 위한 준비를 해보겠습니다.

나만의 교육철학 세우기
우리 반을 함께 만들어가요(학급 규칙 만들기)
우리 반 공동의 목표, 급훈 정하기
모둠 내 역할 만들기
가치 이름표 만들기

❸ 우리 반 학급운영 루틴(Routine) 만들기

일 년에 책 50권을 읽는다는 목표를 세웁니다. 일 년은 52주니까 목표를 달성하기 위해서는 일주일에 책을 한 권 정도는 읽어야 합니다. 한 주는 7일이니 전체 페이지 수를 7로 나누면 하루에 읽어야 하는 양이 나옵니다. 매일 그만큼씩 읽으면 목표를 달성할 수 있습니다.

이렇게 어떤 목표를 달성하기 위해서는 계획을 세우고, 계획한 것을 일상에서 꾸준히 실천해야 합니다. 학급의 목표를 달성하는 것도 마찬가지입니다. 학급의 목표 달성을 위해 매일 해야 하는 일을 꾸준히 하는 것, 그것을 학급운영의 루틴(Routine)이라고 합니다.

학급운영 루틴이 있는 학급의 학생들은 매일 어떤 일을 어떤 시간에 해야 하는지 알고 있기 때문에 학교생활에서 안정감을 갖습니다. 학급에서 돌발 상황이 발생할 일이 거의 없기 때문에 교사는 1년 동안 무탈하게 학급을 운영할 수 있습니다. 학급운영이 잘 이루어지는 학급의 교사는 학생 생활 지도에 여유가 있기 때문에 수업에 더 많은 에너지를 쏟을 수 있습니다. 그러면 결국 수업의 질과 완성도가 높아지는 것입니다.

이와 관련하여 4장에서 온·오프라인을 융합한 체계적인 학급운영 루틴을 만드는 방법을 소개하겠습니다.

④ 액티브한 수업을 만드는 다양한 방법 활용하기

실시간 쌍방향 수업을 하더라도 교사 혼자 말하는 수업은 여전히 단방향 수업이라고 할 수 있습니다. 이런 수업 방식이 지속되면 학생들은 금세 흥미를 잃게 됩니다. 화면을 끄고 싶어하고 대답도 좀처럼 하지 않습니다. 학생들이 활발하게 참여할 수 있는 활동이 없으니 학습 동기가 떨어지는 것입니다. 온라인 수업의 한계 때문에 이런 모습을 보이는 것은 어쩔 수 없는 일일까요?

그렇지 않습니다! 온라인 수업에서도 수업 시작부터 마무리까지 학생들을 수업 속으로 자연스럽게 끌어들일 수 있습니다. 이렇게 학생들이 동기를 갖고 수업에 참여하는 것이 진정한 쌍방향 수업입니다. 액티브한 수업을 만드는 다양한 방법들을 5장에 정리하였습니다.

⑤ 약속과 규칙을 배울 수 있는 온·오프라인 놀이

학급에서 놀이를 왜 하는 것일까요? 심심해서, 시간이 남아서, 단순히 재미를 위해서 등의 이유를 댈 수 있습니다. 하지만 우리는 놀이를 통해 학생들의 배움과 성장을 이끌어 낼 수 있다는 점에 더 주목해야 합니다.

> ① 놀이를 통해 학기 초의 어색한 분위기를 풀고, 자연스럽게 친해질 수 있습니다.
> ② 정해진 약속과 규칙을 잘 지키는 것이 더 즐겁게 놀이를 할 수 있는 비결임을 알 수 있습니다.
> ③ 공동의 목표를 이루기 위해 서로 도우며 협동심을 기를 수 있습니다.

이처럼 놀이는 학생들의 배움과 성장을 촉진한다는 점에서 '하면 좋은 것'이 아닌 '해야 하는 것'입니다. 이 책의 6장에서 학생들과 즐거운 시간을 보낼 수 있는 온·오프라인 놀이를 소개하겠습니다.

위기는 곧 기회다. ··· 전문가로 성장할 수 있는 절호의 Chance!

코로나19 바이러스의 창궐로 세상은 혼돈 그 자체였습니다. 학교 현장에도 위기와 변화가 찾아왔습니다. 가장 큰 변화는 온라인 수업이었습니다. 온라인 수업을 한 번도 해 본 적 없던 교사들이 실시간 쌍방향 수업을 위해 시간과 노력을 들여 프로그램 사용법을 익혔습니다. 이제 전국의 많은 교사들이 화상 수업을 능숙하게 할 수 있는 경지에 이르렀습니다.

그렇습니다. 위기는 곧 기회입니다!

과연 코로나 상황이 아니었다면 이렇게 온라인 수업을 연구하고 새롭게 도전할 수 있었을까요? 온라인 수업에 점차 익숙해진 교사들은 화상 프로그램의 다양한 기능과 대면 수업에서 사용하던 수업 기술들을 접목하며 자신의 수업을 발전시키고 있습니다. 어쩌면 지금의 위기 상황은 교사들이 블렌디드(Blended) 학급운영 역량을 길러 교육 전문가로 성장할 수 있는 절호의 찬스라고 말할 수 있습니다. 우리 함께 자부심을 가져도 좋습니다. 우리는 위기도 기회로 바꾸는, 끊임없이 연구하며 성장하는 대한민국 교사입니다.

제2장

쌍방향 블렌디드 학급운영

WARM-UP

화상 프로그램, 교육 플랫폼의 다양한 메뉴 설정, 기능, 도구 등을 익히고
자유롭게 활용할 수 있다면 온라인 학급운영과 수업이 두렵지 않습니다.

학생들과 화상으로 만나는 프로그램 또는 교육 플랫폼의 다양한 메뉴 설정, 기능, 도구 등을 익히고 자유롭게 활용할 수 있을 때, 비로소 수업을 유연하고 막힘없이 할 수 있습니다.

2장에서는 온라인 학급운영을 위한 하드웨어를 준비하고, Zoom의 설정 방법과 기능을 익혀보도록 하겠습니다.

📖 하드웨어 준비

① PC, 웹캠, 헤드셋(또는 마이크 내장형 이어폰)

PC

웹캠

헤드셋

온라인 수업을 위한 기본적인 구성입니다. PC, 웹캠, 헤드셋이 있어야 합니다. 헤드셋은 마이크 내장형 이어폰으로 대체할 수 있습니다.

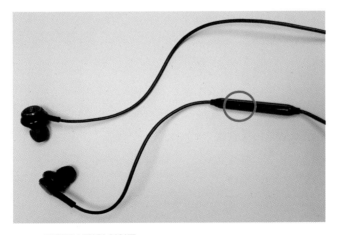

—— 마이크 내장형 이어폰

② 노트북, 헤드셋(또는 마이크 내장형 이어폰)

노트북에 웹캠이 내장되어 있다면 헤드셋(또는 마이크 내장형 이어폰)을 연결하여 사용하면 됩니다. 헤드셋 연결 케이블은 USB 타입을 구매하시길 추천합니다. 컴퓨터나 노트북 USB 단자에 바로 연결할 수 있어 편리합니다.

③ 스탠드형 마이크 사용

헤드셋을 오래 착용하면 귀가 아픕니다. 장시간 수업을 해야 할 때는 스탠드형 마이크를 사용하시는 것을 권장합니다.

1) PC에서 스탠드형 마이크 사용하기

스탠드형 마이크는 어느 정도 높이가 있는 것이 좋습니다. 마이크 수음부에 입을 가까이 대고 말해야 하는데, 마이크가 낮으면 장시간 고개를 숙인 채 사용해야 하는 불편함이 있기 때문입니다.

2) 노트북에서 스탠드형 마이크 사용하기

노트북에는 보통 스피커가 내장되어 있기 때문에 스탠드형 마이크만 있어도 수업 진행에 무리가 없습니다.

❹ 펜 타블렛

PC에 연결하여 화면에 필기하거나 그림을 그릴 수 있는 펜 타블렛입니다. 화면을 칠판처럼 사용할 수 있어 유용합니다.

❺ 듀얼 모니터

본체에 모니터를 두 개 연결하면 편리합니다. 한쪽 모니터에는 수업 자료를 띄워 수업을 진행할 수 있고, 다른 쪽 모니터에는 학생들의 얼굴을 띄워 학생들의 반응을 확인할 수 있습니다.

❻ 실물화상기

Zoom은 실물화상기를 웹캠과 같은 또 하나의 비디오 장치로 인식합니다. 단축키 'Alt + N'을 누르면 실물화상기로 비추는 화면과 웹캠으로 비추는 화면을 전환할 수 있습니다.

—— Logitech HD Webcam C270 화면

'Alt + N'을 누르면 화면 전환이 됩니다.

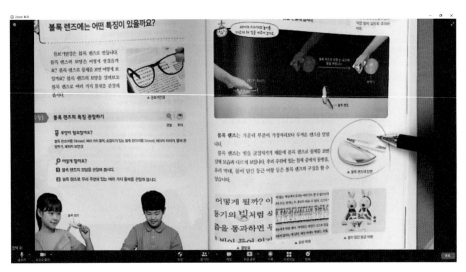

―― NemoCAM(실물화상기) 화면

❼ 크로마키 배경

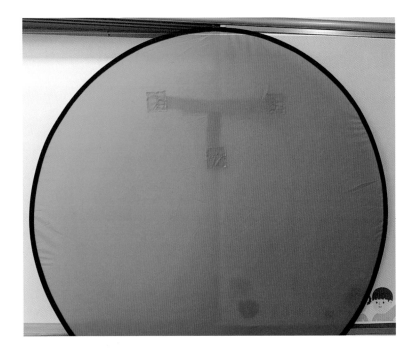

화상 프로그램에서 가상 배경을 사용하기 위해 필요한 초록색 배경입니다. 크로마키 배경이 있으면 가상 배경이 훨씬 더 깔끔하게 나옵니다. 가상 배경 기능은 정리 정돈되어 있지 않은 환경을 가리거나 프라이버시를 지키고 싶을 때 사용합니다.

⑧ 스마트폰(또는 태블릿 PC) 거치대

선생님은 PC와 스마트폰으로 Zoom 회의실에 동시에 접속합니다. 선생님은 PC로 수업을 진행합니다. PC와 동시에 접속한 스마트폰 화면을 통해 학생들이 어떤 장면을 보고 있는지 실시간으로 파악할 수 있습니다. 이때 스마트폰 거치대를 활용하면 편리합니다.

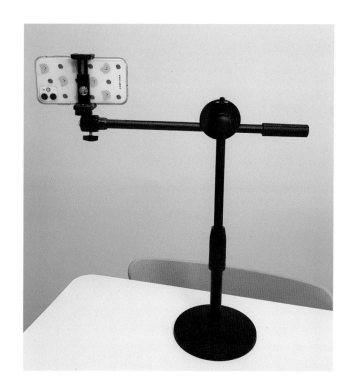

📷 스마트폰을 실물화상기처럼 사용하기

실물화상기가 없는 경우 스마트폰 카메라를 실물화상기처럼 사용할 수도 있습니다.

교과서를 스마트폰 카메라에 비춘 장면입니다. 스마트폰에 비친 화면을 '모두에게 추천'하여 실물화상기처럼 사용합니다.

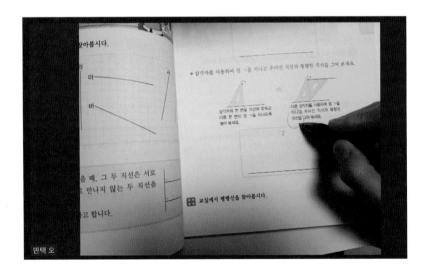

9 **조명**

    조명을 활용하면 화면이 훨씬 밝아지고 얼굴이 화사해 보이는 효과가 있습니다. 실물화상기로 교과서를 비출 때 실물화상기의 그림자 때문에 화면이 다소 어둡게 나올 수 있습니다. 이때 조명을 교과서 방향으로 비추면 화면이 훨씬 밝아집니다.

🎛️ Zoom 설정

교사(회의 호스트)는 회원가입을 해야 회의실을 개설할 수 있습니다. 하지만 학생(회의 참가자)들은 기기에 Zoom이 설치가 되어 있으면 회원가입할 필요 없이, 교사가 회의실 주소 링크를 보내면 바로 클릭하여 들어올 수 있습니다. 이렇게 접근성이 좋은 장점 때문에 Zoom이 실시간 쌍방향 수업에 범용적으로 사용되고 있습니다.

웹페이지 설정의 [회의]−[개인 회의실]−[편집]에서 회의 ID를 확인하고 암호를 설정하여 학생들에게 안내할 수 있습니다. 회의 ID와 암호를 미리 알려주면 매일 아침마다 교사가 회의실 주소 링크를 학생들에게 보내지 않아도 됩니다. 학생들이 시간에 맞춰서 프로그램을 실행하고 회의 ID와 암호를 입력하면 회의실에 들어올 수 있습니다.

① Zoom 프로그램에서 설정하기

쌍방향 블렌디드 학급운영과 수업에 필요한 Zoom 프로그램 설정을 알아보겠습니다.

　　Zoom에 로그인을 하면 보이는 화면입니다. 화면에서 톱니바퀴 버튼을 누릅니다.

1) 비디오

- 내 모습 수정 필터: 주름과 잡티를 보정해주는 효과가 있습니다.
- 저조도 환경에 맞게 조정: 화면의 채도를 전체적으로 높일 수 있습니다.

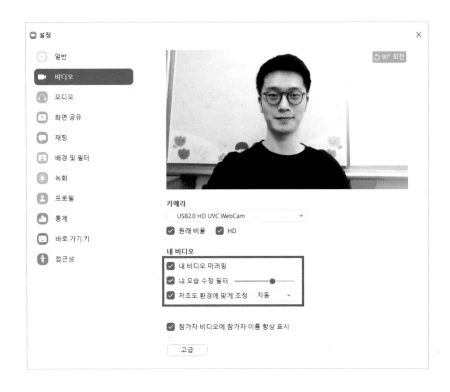

온·오프라인으로 소통하는 쌍방향 블렌디드(Blended) 학급운영

2) 배경 및 필터

가상 배경 기능은 원하는 이미지를 배경으로 하고 싶을 때, 수업을 하는 장소가 정리 정돈이 되지 않았을 때, 프라이버시를 지키고 싶을 때 사용합니다.

WARM-UP

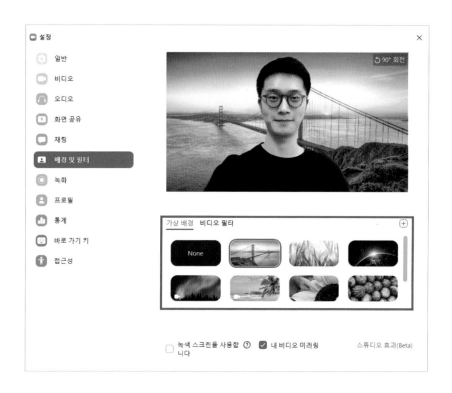

3) 바로 가기 키

자주 사용하는 기능의 단축키를 확인할 수 있습니다(단축키는 변경할 수 있습니다).

📖 활용도 높은 단축키

참가자 전체 음소거/음소거 해제 요청	Alt + M
채팅창 띄우기/숨기기	Alt + H
화면 공유 시작/중지	Alt + S
회의 컨트롤 도구 띄우기/숨기기	Alt
참가자 패널 띄우기/숨기기	Alt + U
카메라 전환	Alt + N
비디오 시작/중지	Alt + V
내 오디오 음소거/음소거 해제	Alt + A(또는 Space bar)
화면 녹화 시작/중지	Alt + R

온·오프라인으로 소통하는 쌍방향 블렌디드(Blended) 학급운영

활용도가 높은 단축키부터 활용하는 연습을 하면 훨씬 효율적으로 온라인 수업 활동을 이끌 수 있습니다. 'Alt＋M'은 수업 중 노이즈가 발생하거나 교사의 말이 전달되지 않을 만큼 소란스러울 때 활용합니다. 실물화상기와 웹캠을 PC에 연결했다면 Zoom은 카메라가 두 대라고 인식합니다. 'Alt＋N'을 눌러 회의 참여자에게 보이는 화면을 전환할 수 있습니다. 'Alt'를 활용하여 회의 컨트롤 도구를 띄우거나 숨길 수 있습니다. 회의 컨트롤 도구는 활용도가 높으므로 항상 띄워두시는 것이 좋습니다.

—— 회의 컨트롤 도구

② 웹페이지에서 설정하기

웹페이지에서도 설정을 할 수 있습니다. Zoom 프로그램에서 톱니바퀴 버튼을 누른 후 '더 많은 설정 보기'를 클릭합니다. 그러면 웹페이지 설정으로 이동할 수 있습니다.

—— 웹페이지 설정 사진

다음의 1) ~ 9)는 [설정] – [회의]에서 설정을 조정할 수 있습니다.

1) 대기실

대기실을 활성화하면 학급 학생이 아닌 다른 사람이 회의실에 들어오는 것을
방지할 수 있습니다. 수업을 시작할 때 대기실에 있는 사람이 누구인지 확인하고,
회의실에 들어오게 합니다.

> **대기실**
> 참가자가 회의에 참가하는 경우 대기실에 두고 호스트가 참가자를 개별적으로 수락
> 하도록 합니다. 대기실을 활성화하면 참가자가 호스트보다 먼저 참가하도록 허용하
> 는 설정이 자동으로 비활성화됩니다.

—— 대기실 사진

2) 채팅 기능

채팅을 이용한 의사소통이 필요할 때가 있습니다. 채팅 기능이 필요하지 않을 때는 채팅 기능을 꺼둘 수 있습니다. 채팅 내용을 학생들이 임의로 저장하지 못하게 하려면 '참가자가 채팅을 저장하지 못하도록 방지'에 체크합니다.

'비공개 채팅' 기능은 학생들이 1 대 1로 하는 채팅을 허용하는 것입니다. 수업 중 잡담하는 것을 방지하기 위해서 꺼두는 것이 좋겠습니다.

채팅
회의 참가자가 모든 참가자에게 보이는 메시지를 보낼 수 있도록 허용합니다.

☐ 참가자가 채팅을 저장하지 못하도록 방지 ☑

비공개 채팅
회의 참가자가 다른 참가자에게 비공개 1:1 메시지를 보내도록 허용합니다.

3) 소리로 입장 · 퇴장 알림

수업에 열중하다 보면 학생이 나가고 들어오는 것을 알아차리지 못할 때가 있습니다. '누군가 참가하거나 나갈 때 소리로 알림' 기능을 활성화하여 학생들의 출입 상황을 확인합니다. '호스트 및 공동 호스트만'에 체크합니다.

누군가 참가하거나 나갈 때 소리로 알림

다음에 대해 소리 재생:

○ 모두

● 호스트 및 공동 호스트만

4) 회의 컨트롤 도구 항상 표시

회의 컨트롤 도구 항상 표시는 단축키 'Alt'로도 가능하지만 웹페이지 설정에서도 가능합니다. 체크하여 항상 회의 컨트롤 도구를 사용할 수 있도록 합니다.

회의 컨트롤 도구 모음 항상 표시
회의 중에 항상 회의 컨트롤 표시 ⓥ

5) 화면 공유 설정

화면 공유를 호스트(교사)만 할지 참가자(학생)도 할 수 있을지 설정할 수 있습니다. 화면 공유는 유용한 기능이니 항상 켜두시기 바랍니다. 상황에 따라 모든 참가자가 공유를 할 수 있도록 설정할 수도 있습니다.

화면 공유
호스트와 참가자가 회의 중에 화면이나 콘텐츠를 공유할 수 있도록 허용합니다.
누가 공유할 수 있습니까?
◎ 호스트만 ○ 모든 참가자

6) 주석 달기

공유 화면에 주석을 달 수 있도록 활성화합니다. 주석 기능은 교사가 설명을 하거나 학생들과 놀이를 할 때 유용하게 쓰입니다.

주석

호스트 및 참가자가 주석 도구를 사용하여 공유 화면에 정보를 추가하도록 허용합니다. ☑

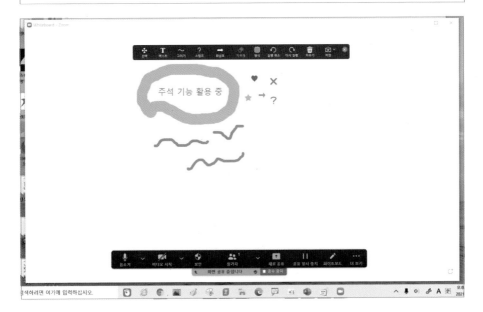

7) 화이트보드 사용

화이트보드에 주석을 활용해 판서를 합니다. 그 내용을 저장하여 학급 SNS에 올리면 그 자체로 훌륭한 수업 복습 자료가 됩니다. 화이트보드에 알림장을 쓰며 학급 안내사항을 학생들이 알게 하고, 이를 저장하여 학부모도 볼 수 있도록 학급 SNS에 올립니다.

화이트보드 사용을 위한 경로는 [회의 컨트롤 도구] − [화면 공유] − [화이트보드]입니다.

—— '화면 공유' 버튼 누르기

온·오프라인으로 소통하는 쌍방향 블렌디드(Blended) 학급운영

—— '화이트 보드' 버튼 누르기

8) 참가자 이름 바꾸기 허용

학생들이 이름을 바꿀 수 있도록 허용합니다. 이름을 바꾸며 장난을 하는 학생이 있다면 이 기능을 꺼두셔도 좋습니다(그런 장난을 하지 않도록 사전에 약속합니다).

참가자가 이름을 바꾸도록 허용
회의 참가자 및 웨비나 토론자가 스스로 이름을 바꿀 수 있도록 허용합니다.

9) 소회의실 만들기

소회의실 기능은 토의·토론 학습에 유용하기 때문에 활성화하여 자주 활용하는 것을 추천합니다.

소회의실
호스트가 회의 참가자를 별도의 더 작은 회의실로 나눌 수 있습니다.

10) 화면 녹화 제한하기

[설정]-[기록]에서 로컬 기록을 해제하면 교사와 학생 모두 화면 녹화를 할 수 없습니다.

로컬 기록을 활성화하고 '호스트는 참가자에게 현지 기록 권한을 부여할 수 있습니다'에 체크를 하면 학생들도 녹화를 할 수 있는 상태가 됩니다(이곳에 체크를 하더라도 교사가 수업 중 학생에게 권한을 부여해야 학생이 녹화를 할 수 있습니다).

    학생 화면 오른쪽 상단의 ··· 아이콘을 누르고 '기록 허용'을 해야 학생이 화면 녹화를 할 수 있습니다.

> **TIPS** 온라인 수업 장면을 간혹 교사가 필요에 의해 녹화하는 경우는 있지만, 학생들이 녹화를 해야 하는 경우는 거의 없을 것입니다. 학생들이 수업 장면을 녹화하여 함부로 온라인상에 올리면 초상권 침해, 사이버 폭력 등의 문제를 야기할 수 있습니다. 따라서 교사는 신중하게 '기록 허용'을 해야 합니다.

③ 회의 컨트롤 도구 활용하기

 회의 컨트롤 도구 아이콘별 역할

1) 음소거

음성 on/off(단축키 'Alt+A'), ⌃버튼을 누르면 어떤 마이크와 스피커를 사용할지 선택할 수 있습니다.

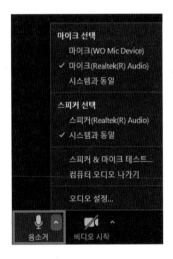

2) 비디오 시작/중지

송출 영상 on/off(단축키 'Alt+V'), ⌃버튼을 누르면 카메라를 선택할 수 있습니다. 여러 개의 카메라가 있다면 단축키 'Alt+N'을 눌러 카메라를 전환할 수 있습니다.

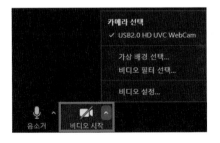

3) 보안

회의 보안과 참가자의 권한을 설정할 수 있는 아이콘입니다. '회의 잠금'을 누르면 누구도 회의실에 입장할 수 없는 상태가 됩니다. '대기실 사용'에 체크를 하면 학생들이 회의실에 입장하기 전에 대기실에서 기다리게 됩니다. 교사가 회의실 입장을 '수락'해줘야 회의실에 입장할 수 있습니다.

또 학생들이 '화면 공유, 채팅, 스스로 이름 바꾸기, 스스로 음소거 해제, 비디오 시작'을 할 수 있을지에 대한 권한 설정을 할 수 있습니다.

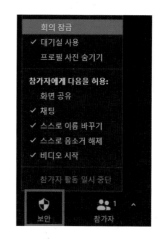

4) 참가자

참가자 아이콘을 누르면 참가자 전체 목록을 볼 수 있습니다(단축키 'Alt+U'). ⌃버튼을 누르고 '초대'를 누르면 초대 링크를 복사할 수 있습니다. 링크를 복사하여 학급 단체 채팅방 또는 학급 SNS에 회의 주소를 올립니다. 학생들은 로그인을 하지 않아도 링크를 누르면 수업에 참여할 수 있습니다.

5) 채팅

회의 참여자들이 텍스트 기반으로 채팅을 할 수 있습니다(단축키 'Alt+H'). 채팅 창에 파일을 올려 학생들에게 전달할 수도 있습니다.

6) 화면 공유

화면 전체 또는 일부를 공유할 수 있습니다(단축키 'Alt+S').

온·오프라인으로 소통하는 쌍방향 블렌디드(Blended) 학급운영

화면 공유 중 주석을 작성할 수 있습니다. 회의 컨트롤 도구의 '더 보기(⋯)'를 누르면 학생들의 주석 사용을 허용할 수 있습니다(학생들이 주석을 작성하면 본인의 이름이 남습니다).

[화면 공유]-[고급]으로 들어가면 다양한 공유 기능을 활용할 수 있습니다.

① 파워포인트를 가상 배경으로 설정하기

파워포인트를 가상 배경으로 설정할 수 있습니다. 학생들이 PPT 화면을 설명하는 선생님의 모습을 볼 수 있기 때문에 더 몰입감 있는 수업을 할 수 있습니다.

② 화면의 일부를 공유하는 기능

학생들에게 보여주고 싶은 부분만 보여줄 수 있어 편리합니다. 초록색 부분의 크기를 조정하여 보여줄 범위를 지정할 수 있습니다.

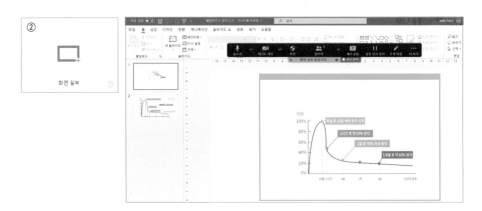

③ 컴퓨터의 소리만 송출할 수 있는 기능

음악 시간, 명상 시간, 스트레칭 시간 등에 활용할 수 있습니다.

④ 내 컴퓨터에 있는 비디오 파일을 재생하여 송출할 수 있는 기능

웹사이트의 비디오를 공유하여 보여주면 버퍼링이 많이 생깁니다. 이 기능을 사용하면 영상이 끊기는 현상이 훨씬 줄어듭니다.

⑤ '두 번째 카메라의 콘텐츠' 기능

카메라를 여러 대 연결했을 때 사용할 수 있습니다. 특히 실물화상기를 이용하여 만들기 과정을 보여줄 때 유용합니다(단축키 'Alt + N'을 누르면 다른 카메라로 전환됩니다).

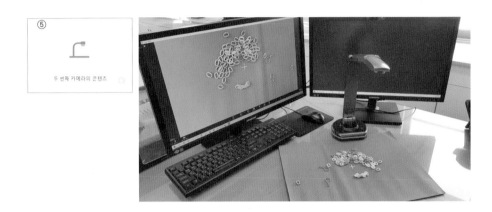

7) 기록

화상 회의를 녹화합니다. 녹화 결과물은 mp4 형식의 파일입니다(단축키 'Alt + R').

8) 소회의실

소회의실을 열어 그룹 활동을 할 수 있습니다.

9) 반응

감정을 표현할 수 있는 이모티콘 기능입니다. 10초 동안 유지됩니다.

Zoom과 여러 가지 교육 플랫폼

1. Zoom을 많이 사용했던 2020학년도

2020학년도에는 갑작스러운 온라인 개학으로 실시간 쌍방향 수업을 해야 했습니다. 이 때 전국의 많은 선생님들은 Zoom 화상 회의 프로그램을 사용했습니다. 그 이유는 다음과 같이 접근성이 좋았기 때문입니다.

① 교사가 쉽게 가입할 수 있고 회의실을 개설하는 절차가 간단하다.

② 학생들은 가입을 하지 않아도 기기에 Zoom이 설치되어 있으면 교사가 개설한 회의실 주소 링크만으로 입장이 가능하다.

③ 프로그램 설정 및 기능을 익히기 어렵지 않아 초보자도 쉽게 화상 회의를 진행할 수 있다.

2. LMS(Learning Management System) 교육 플랫폼의 확장

학교 현장에서의 화상 수업을 목적으로 개발된 교육 플랫폼들이 등장하고 있습니다. 여러 가지 설정, 기능, 도구들이 교사와 학생들 간의 쌍방향 수업이 효과적으로 이루어질 수 있도록 최적화되고 있습니다.

2020학년도에 많이 사용했던 e학습터와 EBS 온라인 클래스에도 화상 수업 시스템이 도입되었습니다. 2020년 12월에 시범 운영된 후, 2021년부터 상용화되었습니다. 이 외에도 구글 클래스룸, MS팀즈, 버블콘 1gram, KT 에듀 등과 같은 교육 플랫폼들이 있습니다. 2021학년도부터는 많은 학교들이 학교 실정에 맞는 교육 플랫폼을 선정하여 운영할 예정입니다.

	Zoom	교육 플랫폼
개발 목적	화상 회의	화상 수업과 학습 관리
	교사들의 Needs와는 큰 관련 없음	교사들의 Needs 수렴 및 반영 예정
서비스 기반	해외 기반 프로그램	국내 기반 웹서비스
	문제 발생 시, 소통 및 피드백이 불편	문제 발생 시, 소통 및 피드백이 비교적 용이함
활용 방법	화상 회의 프로그램을 이용하여 실시간 쌍방향 수업을 진행	별도의 화상 프로그램 없이 교육 플랫폼에서 실시간 쌍방향 수업을 진행
필수 요건	학생들은 각자 스마트기기에 Zoom 설치 필수	교육 플랫폼에서 학급 구성원으로 가입 및 승인 절차 필요
편리한 점	학생들의 별도 가입이 필요 없음	별도의 화상 프로그램 설치가 필요 없음

—— e학습터

—— ebs 온라인 클래스

—— 구글 클래스룸

—— MS 팀즈

—— 버블콘 1gram.cc

제3장

쌍방향 블렌디드 학급운영

START

교사는 매년 이전 연도의 익숙한 교실과 학생들을 뒤로하고
새로운 학생들과의 만남을 준비합니다.
매번 반복하는 일이지만 새 학기가 다가오면
왠지 부담스럽고 불안합니다.

학급운영의 시작 단계에서는 무엇을 해야 할까요?

3장의 내용을 살펴보며 선생님 학급의 1년을 디자인해 보시기 바랍니다.

01 나만의 교육철학 세우기

여러 가지 학사일정과 행정업무에 치이다 보면 자신이 생각했던 이상적인 교사의 모습과 점점 멀어져 가는 것을 느낍니다. '업무를 마친 후 시간이 남으면 수업 준비를 한다.'는 교사들의 자조 섞인 말도 있습니다. 이러한 현실적인 어려움에 흔들리지 않기 위해서는 스스로 만든 나만의 교육철학이 필요합니다. 여러 가지 일로 분주하더라도 자신만의 교육철학이 있는 교사는 무엇을 우선순위로 두어야 하는지 알고 있습니다. 지금부터 교직생활의 등대가 되어 줄 나만의 교육관을 만들어보겠습니다.

'좋은 선생님이 되려면 어떻게 말하고 행동해야 하는가?'

응답해야 하는 질문에 반대되는 아이디어를 떠올립니다. 이것을 역 브레인스토밍(Reverse brainstorming)이라고 합니다.
- 수업 준비를 하지 않고 수업에 임한다.
- 학생들을 편애하고 차별한다.
- 찡그린 표정으로 일관한다.

반대되는 아이디어를 다시 반대로 돌리면 원래 해결하고자 하는 문제의 해결 방법이 나옵니다.
- 수업 준비를 충실히 하는 교사가 된다.
- 학생들을 공정하게 대한다.
- 웃는 모습을 많이 보여주는 선생님이 될 것이다.

이렇게 만든 나의 교육철학을 자주 볼 수 있는 곳에 게시합니다. 인쇄하여 교탁에 붙이거나 매일 사용하는 다이어리에 적어두셔도 좋습니다.

활동지

질문 1   이상적인 교사는 어떤 모습인가요?

(역 브레인스토밍) 이상적이지 않은 교사		(역 브레인스토밍의 반대) 이상적인 교사
1.		1.
2.	**반대로 하기**	2.
3.		3.
4.		4.
5.		5.

질문 2   좋은 수업은 무엇인가요?

(역 브레인스토밍) 좋지 않은 수업		(역 브레인스토밍의 반대) 좋은 수업
1.		1.
2.	**반대로 하기**	2.
3.		3.
4.		4.
5.		5.

질문 3   교사가 가르쳐야 할 것은 무엇인가요?

(역 브레인스토밍) 교사가 가르치지 않아야 할 것		(역 브레인스토밍의 반대) 교사가 가르쳐야 할 것
1.		1.
2.	**반대로 하기**	2.
3.		3.
4.		4.
5.		5.

우리 반을 함께 만들어가요

다음은 온·오프라인 병행 상황에서 학급의 약속을 정하는 방법입니다. 학급 구성원 전체의 의견을 모아 약속을 만듭니다. 학생들의 의견을 모으기에 적합한 패들렛이라는 온라인 도구를 사용하겠습니다.

[우리 반을 함께 만들어가요] 안내 영상 QR코드

[우리 반을 함께 만들어가요] 참고 패들렛 QR코드

온라인 수업 날

① 패들렛에 로그인 한 후, [PADLET 만들기] 클릭

② 여러 형태의 서식 중, 유목화하기 편리한 [캔버스]를 선택

③ 패들렛의 제목과 설명을 수정하기 위해 오른쪽 상단의 '…' 아이콘을 누른

후, '수정' 클릭(또는 빨간색으로 표시한 부분을 더블클릭)

④ '제목', '설명', '비주얼' 등을 수정한 후, [저장] 클릭

'주소'에서 [클립보드에 복사] 클릭

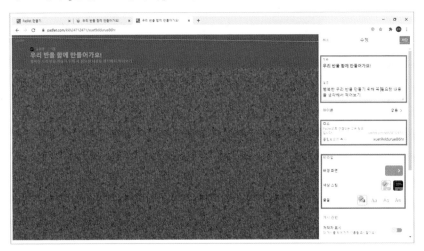

⑤ 복사한 링크를 학생들에게 공유한 후, 자유롭게 의견을 남기도록 안내

주제 [예] 올 한 해 행복한 우리 반이 되려면?

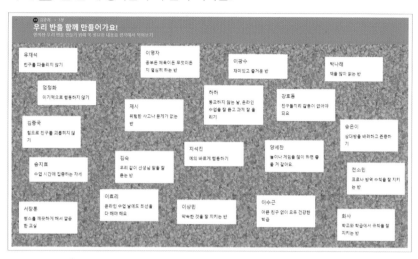

⑥ 학생들이 적은 의견들을 비슷한 내용끼리 묶기

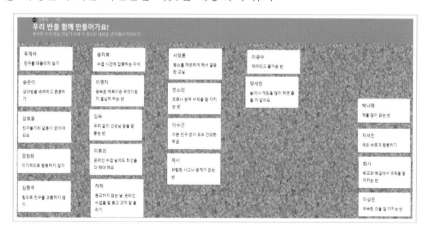

⑦ 가장 많이 나온 것을 중심으로 3~4가지 우리 반 비전을 정하기

예시

- 친구와 사이좋게 지내는 우리 반

- 수업과 과제를 스스로 열심히 하는 우리 반

- 건강하고 튼튼한 우리 반

⑧ 앞서 ⑦과 같은 우리 반을 만들기 위해 다음 등교하는 날까지 구체적인 실
천 사항을 생각해오기

등교하는 날

⑨ 앞서 ⑧과 관련하여 생각해온 내용에 대해 함께 이야기 나누며 실천 사항들
을 일목요연하게 정리함(정리한 내용이 우리 반 약속이 됩니다.)

⑩ 빈칸에 각자의 다짐을 한 마디씩 적기

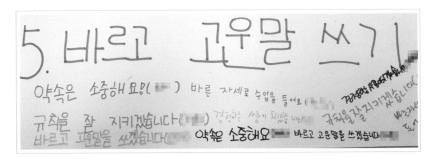

온·오프라인으로 소통하는 쌍방향 블렌디드(Blended) 학급운영

우리 반 급훈 만들기

우리 반의 색깔이 담겨있는 급훈을 만들어 봅니다. 우리 반 약속 중 급훈으로 삼을 만한 것을 한 가지 고릅니다. 방법은 다음과 같습니다.

온라인 수업 날

① 한 글자씩 맡아서 글자 디자인하기(화면에 잘 보일 수 있도록 크게 씁니다.)

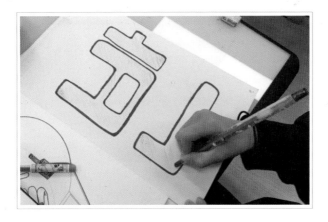

② 완성이 되었으면 화면에 보여주기

③ 문장 순서에 맞게 글자를 배치하고 스크린샷 찍기

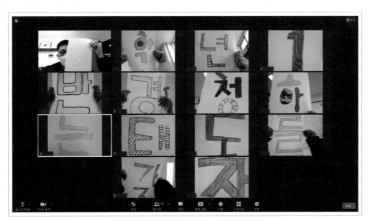

④ 학급 SNS에 올려 미션 성공을 축하하기

등교하는 날

⑤ 교실 뒤에 게시하기

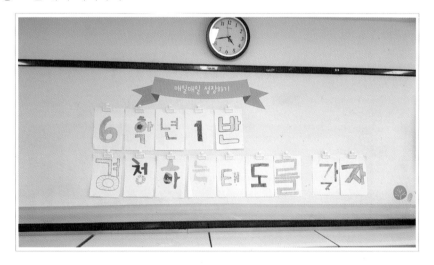

온·오프라인으로 소통하는 쌍방향 블렌디드(Blended) 학급운영

모둠에 필요한 역할 정하기

Mentimeter

앞에서 우리 반 약속과 급훈을 정했습니다. 이번에는 한 해 동안 모둠활동이 잘 이루어질 수 있도록 모둠 내 역할을 만들겠습니다.

여기에서는 '멘티미터'를 사용하겠습니다. 여러 명의 학생들의 생각을 모으고 확인하기에 유용한 온라인 도구입니다.

먼저 학생들에게 생각할 시간을 줍니다. 과거 모둠활동을 할 때 힘들었던 경험을 떠올려보고, 모둠에 꼭 필요한 역할은 무엇이 있을지 생각해 봅니다.

[모둠에 필요한 역할 정하기] 학생 참여 예시 QR코드

① https://www.mentimeter.com/app에 로그인을 합니다.

(구글 계정으로 회원가입 및 로그인 가능)

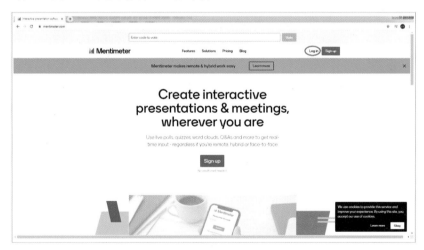

② [New presentation]을 클릭하여, 새로운 창을 만듭니다.

③ 'Create new presentation'에 주제를 입력합니다.

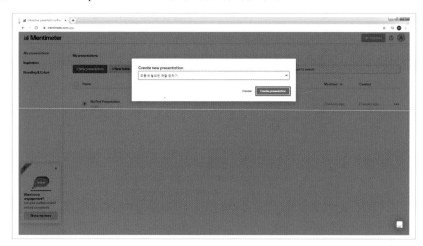

온·오프라인으로 소통하는 쌍방향 블렌디드(Blended) 학급운영

④ 'Type'에서 원하는 유형을 클릭합니다('Word Cloud'를 선택하겠습니다).

⑤ 질문의 내용, 학생 1명이 적을 수 있는 대답의 개수, 중복 투표 허용 여부 등을 설정합니다(여기서는 학생 1명이 두 가지 대답을 적어낼 수 있고, 중복 투표 불가로 설정하였습니다).

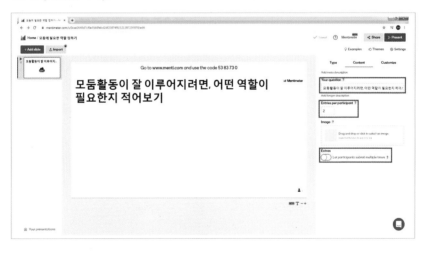

⑥ 설정이 끝나면 학생들에게 링크를 공유하기 위해 오른쪽 상단의 [≪ share]
를 클릭합니다.

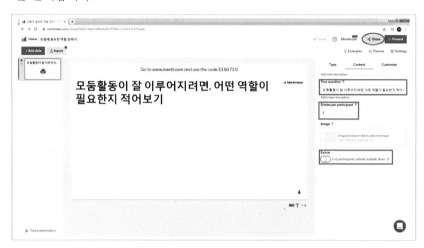

⑦ Participation에서 링크 주소 또는 QR코드로 학생들이 참여할 수 있도록 설
정할 수 있습니다('Anyone with the link, code, or QR' 파란색 영문).
학생들이 참여할 수 있도록 링크 주소를 복사하거나 QR코드를 다운 받을
수 있습니다.

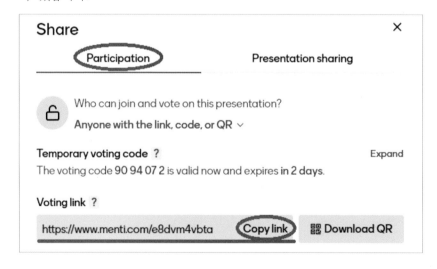

⑧ 학생들이 보는 화면입니다. 설정한 바와 같이, 학생은 2개의 대답을 적어낼 수 있습니다.

⑨ 교사는 투표 결과를 학생들과 함께 공유하면서 이야기를 나눌 수 있습니다. Presentation sharing에서 링크 주소를 복사하고 학생들에게 안내하여, 학생들이 직접 결과를 확인할 수 있습니다.

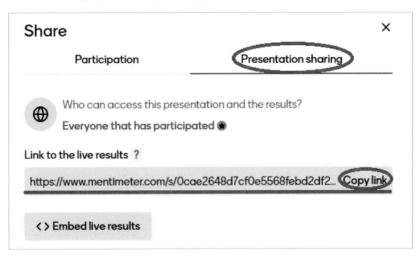

⑩ 또는 Present를 클릭하여 투표 결과를 확인할 수 있습니다. 이 화면을 학생들에게 공유하여 함께 볼 수도 있습니다.

가치 이름표

학기 초 선생님이 학생들의 이름을 빠르고 쉽게 외우기 위해 책상 이름표 만들기를 할 수 있습니다. 학생들끼리도 서로 이름을 빨리 알아가며 친해질 수 있어 좋습니다.

응용 활동으로 가치 이름표 만들기를 할 수 있습니다. 학교생활에서 필요한 가치나 미덕을 생각해 보고, 그것을 본인의 이름 앞에 써보게 합니다.

1) A4용지로 이름표 만들기

① A4용지가 4등분이 되도록 접는다(반 접고 또 반을 접는 방식).

② 4칸 중 가운데 2개의 칸에 이름 쓰기(가운데 2개의 칸에 이름을 쓸 때, 그 방향을 서로 반대로 합니다.)

온·오프라인으로 소통하는 쌍방향 블렌디드(Blended) 학급운영

③ 이름의 글자를 자기만의 스타일로 색칠하여 꾸미기

④ 양쪽 끝 칸끼리 완전히 포개어질 수 있도록 풀로 붙이기

⑤ 이름표가 잘 보이도록 책상 왼쪽 상단에 테이프로 붙여 고정하기

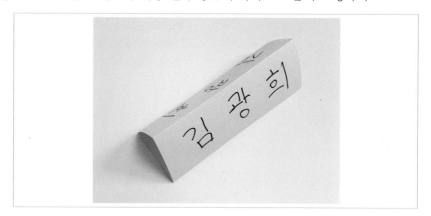

2) 가치 이름표 만들기

① 학교생활에서 자신에게 필요한 가치를 생각해 보고 그 이유를 공책에 적어
봅니다.

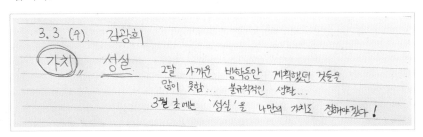

② 만들기 과정은 책상 이름표 만들기와 같습니다. 자신이 정한 가치를 자신의
이름 앞에 적으면 됩니다. [예] (성실)김광희, (배려)오민택]

③ 학생들은 돌아가며 이번 주에 자신이 정한 가치와 그 이유를 발표합니다.
친구들 앞에서 자신의 결의와 다짐을 발표하는 것은 자신과의 약속을 더 잘
지킬 수 있게 하는 동기부여가 됩니다.

④ 가치 이름표는 온라인 수업에서도 사용할 수 있습니다.

온라인 생활지도(온라인 에티켓, 초상권, 저작권)

원격수업이 키운 '미디어중독' … 청소년 48.3% 사이버 폭력 경험
-전미옥, 『국민일보』, 2020.12.08.
욕설, 사진 합성 … '온라인 수업' 교권 침해에 멍 드는 교사들
-이가람, 『중앙일보』, 2020.10.10.

2020년 하반기, 온라인 수업의 확대로 인한 각종 문제들이 수면 위로 떠올랐습니다. 화면에 비친 친구의 얼굴을 캡처해서 놀림감으로 만들거나 학급 SNS에서 댓글로 인신공격을 하는 사례가 기사화됐습니다. 심지어 선생님도 사이버 폭력의 피해자가 되었습니다.

온라인 수업은 시·공간의 제약을 덜 받아 편리합니다. 하지만 그 편리함을 누리기 전에 온라인 생활지도가 선행되어야 합니다. 학생들이 등교했을 때 **온라인 수업 오리엔테이션 자료**를 인쇄하여 나누어주고 함께 읽어봅니다. 그다음 이것을 학급 SNS 공지사항에 올립니다. 학생들이 온라인 공간에서의 예절을 잘 지키지 못할 때마다 이 내용을 모두가 함께 읽어보며 유념할 수 있도록 합니다.

[온라인 수업
오리엔테이션 자료]
다운로드 QR코드

온라인 에티켓

● 생활 속 온라인 에티켓

- 너무 늦은 시간에는 다른 사람에게 연락을 자제합니다.
- 인사말을 생활화합시다. (안녕하세요? 감사합니다. 등)
- 학급 SNS에서 비속어와 은어를 사용하지 않습니다.
- 온라인상에서의 좋지 않은 말과 행동은 언제든 기록될 수 있음에 유의해야 합니다.
- 단체 채팅방(단체 카톡 방)에는 필요한 경우가 아니면 입장하지 않습니다.
- 본인이 누구인지 밝히고 공손하게 말합니다.

● 수업 중 온라인 에티켓(Zoom)

- '손들기' 기능을 활용하여 발언권을 얻은 뒤에 질문을 해주세요.
- Zoom 채팅방에서 수업과 관련 없는 잡담을 나누지 않습니다.
- Zoom 수업에서 우리는 예상치 못한 소음을 발생시킬 수 있습니다. 최대한 조용한 곳
  에서 수업을 듣습니다.
- Zoom 수업 시작 전에 대기실에 입장합니다. 오프라인 수업에서와 마찬가지로 지각은
  다른 사람들의 수업 시간(수업권)을 침해하는 행위가 될 수 있습니다.

초상권

초상권이란 나의 모습이 본인의 허락 없이 쓰이지 않을 권리입니다. 만약 여러분이 다른
사람의 얼굴을 그 사람의 허락 없이 촬영하여 웹사이트에 올린다면 초상권을 침해하는 것입
니다. 초상권을 침해하면 경우에 따라 손해배상을 해야 할 수도 있습니다. 우리 모두 인권을
갖고 있는 소중한 존재이기 때문에 서로의 초상권을 보호해 줄 의무와 책임이 있습니다.

Zoom은 편리한 화상 회의 프로그램입니다. 그러나 Zoom 화면에는 우리의 얼굴과 살
고 있는 곳(거주지)의 정보가 노출됩니다. 개인 정보 유출은 사생활 침해, 경제적 피해, 각
종 범죄에 악용될 수 있으므로 주의해야 합니다.

우리 반 친구들의 초상권과 개인 정보는 우리가 지켜줍시다!

저작권

여러분이 접하는 창작물(글, 그림, 사진, 영상 등)에는 창작자의 노력과 시간이 들어갑니다. 이를 인정하고 보호하고자 하는 법이 저작권법입니다. 온라인 수업에 사용하는 저작물은 교육 플랫폼(e학습터, 온라인 클래스, 구글 클래스룸 등)과 학급 SNS(네이버 밴드, 하이클래스, 클래스팅 등)에서만 이용할 수 있습니다. 무단으로 저작물을 배포하면 경우에 따라 금전적인 손해배상을 해야 할 수도 있습니다. 저작권과 관련된 문제가 발생하지 않도록 선생님이 올리는 수업 자료는 다른 곳에 공유하지 않습니다.

소회의실 기능을 사용하여 상황별로 역할극을 해볼 수 있습니다.

- 온라인 에티켓을 지키지 않은 사례
- 초상권을 침해한 사례
- 저작권을 침해한 사례

 ① 학생들에게 역할극 대본을 제공합니다.

 ② 소회의실에서의 그룹별 연습이 끝나면 메인 회의실로 돌아옵니다. 그다음 연기하는 학생들의 화면만 켜두고 역할극을 해봅니다. 다른 학생들은 비디오 끄게 합니다. 이렇게 하면 역할극을 관람하는 학생들의 집중력을 높일 수 있습니다.

③ 역할극을 하는 학생들만 추천하여 보여주는 방법도 있습니다. '[모두에게 추천] → [추천 추가]'를 하면 추천 비디오를 여러 개 지정할 수 있습니다.

역할극을 본 후 다음 활동을 하며 마무리합니다.

- 역할극이 어떤 상황인지 알아맞히기
- 역할극 속 등장인물의 마음을 헤아려보기
- 우리 모둠과 다른 모둠의 역할극에서 잘한 점, 재밌었던 점, 아쉬운 점 등을 말하기

[역할극 대본]
다운로드 QR코드

온라인 에티켓

등장인물: 선생님, 연우, 슬기, 해솔

선생님: 오늘은 온라인 수업 첫날입니다. 여러분과 함께 할 시간이 정말 기대가 됩니다. 온라인 공간에서의 예절에 대해 말해볼 사람 있나요?

연 우: 선생님, 저는 작년에 친구들이 밤늦게까지 게임에 초대하고 말을 걸어서 힘들었어요. 밤11시면 자야 하는 시간인데 말이죠.

선생님: 연우야, 정말 힘들었겠다. 또 다른 불편한 점은 없었나요?

슬 기: 선생님, 저는 작년에 화상수업이 너무 소란스러워서 힘들었어요. 선생님이 시키지도 않았는데 여기저기서 말을 해서 시끄러웠어요.

선생님: 그래요, 발표할 때는 발언권을 얻고 발표를 해야 합니다. 발언권을 얻은 후 발표하기! 모두 잘 지킬 수 있도록 합시다.

해 솔: 선생님, 저는 친구들이 수업 중 채팅을 너무 많이 해서 힘들었어요. 채팅이 올라오면 내용을 보느라 선생님의 말에 집중하기 힘들더라고요.

선생님: 맞아요, 한번에 두 가지 일을 하면 집중을 잘 할 수 없지요. 이런 문제를 방지하기 위해 선생님이 수업 중 채팅 기능을 꺼둘 수도 있어요. 그럼 이제 우리 반 온라인 예절을 함께 읽어보겠습니다.

모 두: 첫째, 늦은 시간에 전화 · 메시지 하지 않기
둘째, 비속어와 은어 사용하지 않기
셋째, 수업 중 불필요한 채팅하지 않기
넷째, 발언권을 얻은 후 발표하기
다섯째, 온라인 수업 시간 잘 지키기

초상권

등장인물: 선생님, 찬솔, 한결, 마루

찬 솔: 선생님… 흑흑흑…

선생님: 찬솔아, 무슨 일 있니?

찬 솔: 한결이가 수업 시간 중에 제 얼굴을 캡처해서 채팅방에 올렸어요. 마루는 제 사진에 이상한 그림을 합성하고 제 별명도 써놨어요… 흑흑…

선생님: 정한결! 황마루! 찬솔이가 하는 말이 사실이니?

한 결: (쭈뼛대며) 네… 그냥 재미로 해본 건데…

마 루: 죄송해요… 저도 재밌어 보이길래…

선생님: 다들 찬솔이한테 할 말이 있을 것 같은데?

한 결: (반성하는 말투로) 찬솔아, 미안해. 네가 그렇게 슬퍼할지 몰랐어…

마 루: (반성하는 말투로) 찬솔아, 나도 미안해. 내가 올린 사진이랑 댓글도 다 지울게.

선생님: 그래, 용기 내서 사과해줘서 고마워요. 찬솔이의 별명을 부르고 놀린 것도 문제지만 다른 사람의 얼굴을 무단으로 사용한 것도 큰 잘못입니다. 초상권을 위반했을 때 손해배상을 해야 하는 경우도 있어요. 한결이랑 마루뿐 아니라 모두 다른 사람의 초상권을 침해하지 맙시다.

모 두: 네, 선생님!

대 본

저작권

등장인물: 선생님, 수민, 하람, 지민

선생님: 오늘 숙제는 '반려동물 기르는 방법' 조사하기입니다. 조사한 내용은 잘 정리해서 다음주 월요일까지 학급과제방에 올립니다.

(숙제하는 학생들)

수 민: 지난번에 삼촌이 기르는 고슴도치 사진을 찍어둔 걸 찾아봐야지. 삼촌한테 전화해서 키우는 방법도 물어봐야겠어.

하 람: 아~ 숙제는 항상 귀찮아… 월요일이 되기 전에 대충 인터넷에서 베껴서 내지 뭐!

지 민: (하람이에게 전화를 걸고) 하람아, 숙제 다 했어?

하 람: 응, 다했어.

지 민: 나한테 좀 보내줘. 조금 보기만 할게.

하 람: 안되는데… 보내주는 대신 똑같이 하면 안 된다?

지 민: 알았다니까~ 빨리빨리!

선생님: (숙제를 확인하며) 어? 하람이랑 지민이 숙제 내용이 똑같네?

제4장

쌍방향 블렌디드 학급운영 ROUTINE

학급의 목표 달성을 위해 매일 해야 하는 일을 꾸준히 하는 것,
그것을 학급운영의 루틴(Routine)이라고 합니다.

학급운영 루틴이 있는 학급의 학생들은 매일 어떤 일을 어떤 시간에
해야 하는지 알고 있기 때문에 학교생활에 안정감을 갖습니다.
학급에서 돌발 상황이 발생할 일이 거의 없기 때문에
교사는 1년 동안 무탈하게 학급을 운영할 수 있습니다.

학급운영이 잘 이루어지는 학급의 교사는 학생 생활 지도에
여유가 있기 때문에 수업에 더 많은 에너지를 쏟을 수 있습니다.
그러면 결국 수업의 질과 완성도가 높아지게 됩니다.

4장의 내용을 참고하여 선생님 학급의 학급운영 루틴(Routine)을 만들어보세요!

성공적인 학급운영을 위해서 무엇을 준비해야 할까요? 머릿속에 교실의 모습을 떠올리며 해야 할 일들을 하나씩 적어봅니다.

> 사물함과 신발장에 이름표 붙이기, 시간표 게시하기, 교과서 나눠주기, 담임 소개하기, 학생들의 자기소개 듣기, 학급 SNS 사용 방법 안내하기, 과제 제출 방법 안내하기 등

떠올린 것들을 각각 '교실 환경', '사회적 기술', '학습 기술'이라는 범주에 넣어봅니다.

ROUTINE

> - 교실 환경: 원격 · 대면 수업을 원활하게 할 수 있는 교실 환경을 구축합니다. 때에 따라 원격 수업이 대면 수업으로, 대면 수업이 원격 수업으로 전환됩니다. 혹은 두 가지 방식을 병행해야 할 수도 있습니다.
> - 사회적 기술: 원격수업 환경에서도 학생들의 사회성, 협동심, 문제해결 능력을 길러 줄 수 있도록 지도해야 합니다.
> - 학습 기술: 학생들이 공책 정리 방법, 발표 방법, 수업 중 경청 방법 등을 익혀 학습효과를 높일 수 있게 합니다.

교실 환경

☐ 원격 수업 도구 준비(웹캠, 마이크)   ☐ 교과서 나눠주기
☐ 사물함 · 신발장 이름표 부착   ☐ 시정표 게시
☐ 번호대로 사진 찍기   ☐ 시간표 게시
☐ 학생 명단 인쇄하기   ☐ 학급 안내판 게시

 ## 사회적 기술

☐ 담임 소개 편지 준비   ☐ 서로의 이름 익히기
☐ 자기소개(교사)   ☐ 모둠 내 역할 만들기
☐ 자기소개(학생)   ☐ 갈등해결 방법 익히기
☐ 가치 이름표 만들기   ☐ 가치 있는 역할 정하기

학습 기술

☐ 알림장 쓰는 방법 지도   ☐ 수업 중 경청하는 방법 지도
☐ 공책 쓰는 방법 지도   ☐ 학급 SNS 사용 방법 지도
☐ 발표 방법 지도   ☐ 과제 제출 방법 지도
☐ 집중 구호 · 신호 익히기   ☐ 학급 보상 · 개인 보상 안내

예 완료한 것에 아래와 같이 체크 표시(∨)를 합니다.

교실 환경

☑ 원격 수업 도구 준비(웹캠, 마이크)   ☐ 교과서 나눠주기
☑ 사물함 · 신발장 이름표 부착   ☐ 시정표 게시
☑ 번호대로 사진 찍기   ☐ 시간표 게시
☑ 학생 명단 인쇄하기   ☐ 학급 안내판 게시

선생님 학급의 체크리스트를 만들어보세요!

🖥️ 교실 환경

- ☐
- ☐
- ☐
- ☐

- ☐
- ☐
- ☐
- ☐

📋 사회적 기술

- ☐
- ☐
- ☐
- ☐

- ☐
- ☐
- ☐
- ☐

📖 학습 기술

- ☐
- ☐
- ☐
- ☐

- ☐
- ☐
- ☐
- ☐

🖥️ 기 타

- ☐
- ☐
- ☐
- ☐

- ☐
- ☐
- ☐
- ☐

02 DIY(Do-It-Yourself) 교사 다이어리

시중에 나온 다이어리를 구매하여 사용하면 편리합니다. 하지만 교직생활을 하며 쓰기에는 다이어리 속지의 내용과 구성이 아쉬운 부분이 있습니다. 이를 보완하여, 교사에게 딱 맞는 DIY(Do-It-Yourself) 교사 다이어리를 구상했습니다. 여기에는 교사로서의 성장을 도모하기 위한 버킷리스트 만들기, 한 해 목표 세우기, 스승의 다짐 활동이 있습니다. 또 업무, 시간표, 상담, 수업, 평가, 회의, 연수 내용을 기록할 수 있는 공간도 있습니다(위의 QR코드를 스캔하시면 다이어리 양식 자료를 다운로드할 수 있습니다).

[다이어리 양식]
다운로드 QR코드

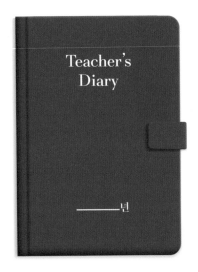

Bucket list

버킷리스트에는 Do, Be, Have, Where에 해당하는 내용을 채웁니다. 각각 하고 싶은 것, 되고 싶은 모습, 갖고 싶은 것, 가고 싶은 장소를 의미합니다.

그 다음 한 해의 목표를 세웁니다. 분야를 나누고 분야별 목표와 실천 방법을 적습니다. 다음 예시를 참고하여 써보시길 바랍니다. 두루뭉술한 목표보다는 수치화할 수 있고 눈에 보이는 구체적인 목표를 세우는 것이 좋습니다.

Goal of this year

분야	목표 + (실천 방법)
	☐ ☐ ☐
	☐ ☐ ☐
	☐ ☐ ☐
	☐ ☐ ☐
	☐ ☐ ☐
	☐ ☐ ☐

ROUTINE

Goal of this year

분야	목표 + (실천 방법)
건강	- 일주일에 3회 이상 운동하기 (숨차는 운동 30분 이상) - 풀업 10회 (운동 갈 때마다 철봉에 매달리기) - 10km 이상 달릴 수 있는 체력 만들기 (올해 대회 참여가 가능하다면 10km 마라톤 완주)
콘텐츠	- 유튜브 구독자 1,000명 (일주일에 영상 업로드 1회 이상) - 블로그 팔로워 2,000명 (일주일에 글쓰기 2회 이상) - 책 출간하기 (목차 완성-원고 쓰기-출간 계약)
자기 계발	- 강의 듣기 (한 달에 1회 이상 총 12개의 강의 듣기) - 독서 (한 주에 한 권씩 책 읽기-1년에 약 50권)
가족	- 관심 갖기 (전화 자주 하고 많이 찾아뵙기) - 경청하기 (공감하고 경청하는 대화하기) - 도움주기 (가족의 어려운 일에 발 벗고 나서기)
마음	- 감사하는 마음 갖기 (내게 주어진 모든 것에 감사하기) - 긍정적인 마음 갖기 (뭐든지 잘 될 것이다! 이 또한 지나가리라) - 자신감 갖기 (나를 믿고 사랑하기)

온·오프라인으로 소통하는 쌍방향 블렌디드(Blended) 학급운영

My resolution

방법	스승의 다짐
스승의 다짐 -교사로서 실천하고 지키고 싶은 다짐을 적습니다. -잘 생각이 나지 않는다면 역 브레인스토밍 방법 활용 *Reverse brainstorming(역 브레인스토밍)* 제시된 과제 해결에 반대되는 질문으로 아이디어를 찾는 방법입니다. 도출된 아이디어를 참고하여 원래 해결하고자 하는 문제의 해결방법을 찾습니다. **어떤 교사가 되어야 할까?** ↓ 반대되는 아이디어 떠올리기 - 수업 준비를 전혀 하지 않는다. - 편애하고 공정하지 못하다. - 징그린 표정과 건조한 말투 ↕ 원래 문제의 해결방법 찾기 -수업 준비를 전혀 하지 않는다. ↳수업 준비를 열심히 한다. -편애하고 공정하지 못하다. ↳모두에게 공정하게 대한다. -징그린 표정과 건조한 말투 ↳잘 웃는 선생님이 될 것이다.	1 2 3 4 5 6 7 8 9 10

다음은 나의 다짐(스승의 다짐) 만들기입니다. 어떤 교사가 되어야 하는지 생각하며 한 해 동안 실천할 수 있도록 다짐합니다.

역 브레인스토밍(Reverse brainstorming)으로 아이디어를 냅니다.

그리고 그것을 반대로 하여 교사로서의 다짐을 정합니다.

수업 준비를 전혀 하지 않는다(역 브레인스토밍). ⇨ 수업 준비를 충실히 한다.
편애하고 공정하지 못하게 대한다(역 브레인스토밍). ⇨ 모두에게 공정하게 대하도록 한다.

다음은 업무, 시간표, 비상 연락망을 넣는 곳입니다. 학교에서 업무와 학급이 정해지면 관련 사항을 인쇄하여 해당란에 붙입니다.

My work

비상 연락망

Time table

다음은 주간 목표와 체크리스트입니다. 'This week's focus'에는 그 주에 꼭 해야 하는 일, 하고 싶은 일을 적습니다. 일주일을 돌아보는 시간에 완수한 것에 체크 표시(∨)를 합니다.

체크리스트 항목에는 눈 마주치기, 웃어주기, 칭찬하기가 있습니다. 학생들과 좋은 관계를 만들기 위한 장치입니다. 일주일 동안 학급의 모든 학생들과 눈을 마주치며 인사를 나누고 따뜻한 표정을 보여줍니다. 교사와 학생 간의 좋은 관계는 성공적인 학급운영의 열쇠이기 때문에 일주일 동안 모든 칸에 체크 표시(∨)를 할 수 있도록 노력합니다. 그 옆 칸에는 출석, 지각, 조퇴, 숙제에 대한 특이사항을 기록할 수 있습니다.

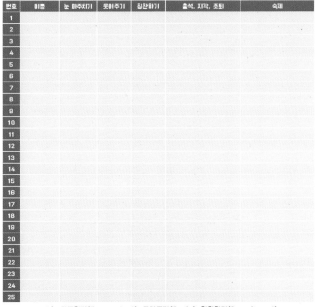

다음은 일간 계획입니다. 하루를 시작하며 ①번에 올해의 목표 한 가지, 감사한 일 한 가지, 스승의 다짐 한 가지를 씁니다. 목표를 시각화하고 일상의 감사한 일을 찾아 적는 것은 목표 지향적이고 긍정적으로 하루를 시작할 수 있는 힘이 됩니다. 그다음 ②번에는 오늘 해야 할 일을 적습니다. 중요한 일을 먼저 적습니다. ③번에 그날 수업을 준비합니다. ④번 시간표에는 시간대별로 할 일을 기록하며 시간을 관리할 수 있습니다.

월   일 / 월요일

① Focus & Thanks & Resolution		**②** To do list	
☐ 독서 1시간 하기	☐	☐	
☐ 아침식사를 하고 와서 감사하다.	☐	☐	
☐ 친절한 선생님 되기	☐	☐	

③ Today's class

아침 활동:

1

2

3

4

5

6

④ Time schedule

13:00 _____	19:00 _____
14:00 _____	20:00 _____
15:00 _____	21:00 _____
16:00 _____	22:00 _____
17:00 _____	23:00 _____
18:00 _____	24:00 _____

memo

온·오프라인으로 소통하는 쌍방향 블렌디드(Blended) 학급운영

다음은 평가 계획과 평가 내용 기록 양식입니다. 기록(또는 인쇄하여 붙이기)을 해두면 평가 시기를 놓치지 않고 수행평가를 실시하는 데 도움이 됩니다.

평가 계획

과 목 :			
영 역	단 원	평가 내용	시 기

과 목 :			
영 역	단 원	평가 내용	시 기

다음은 상담 기록 양식입니다. 상담 일자와 상담 방법을 기록합니다. 화상 프로그램을 사용하여 학생들과 원격 상담을 할 수도 있습니다.

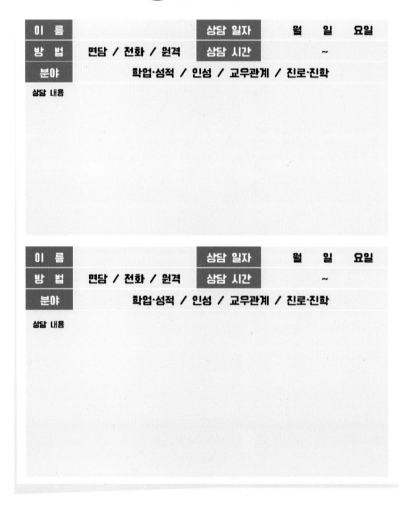

상담 기록

이 름		상담 일자		월 일 요일
방 법	면담 / 전화 / 원격	상담 시간		~
분야	학업·성적 / 인성 / 교우관계 / 진로·진학			

상담 내용

이 름		상담 일자		월 일 요일
방 법	면담 / 전화 / 원격	상담 시간		~
분야	학업·성적 / 인성 / 교우관계 / 진로·진학			

상담 내용

온·오프라인으로 소통하는 쌍방향 블렌디드(Blended) 학급운영

마지막으로 회의와 연수 내용을 정리할 수 있는 공간입니다.

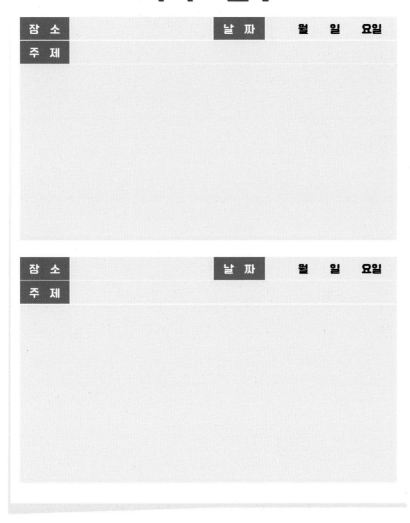

회의 · 연수

장 소		날 짜	월 일 요일
주 제			

장 소		날 짜	월 일 요일
주 제			

ROUTINE

선생님의 '스승의 다짐'을 만들어보세요!

 스승의 다짐

　　　　　　　　온·오프라인으로 소통하는 쌍방향 블렌디드(Blended) 학급운영

03 학급 SNS 활용하기

온·오프라인 블렌디드 교육 시대의 학급 SNS 활용도는 이전보다 높아졌습니다. 기존 학급 SNS의 역할은 알림장을 게시하고 사진이나 영상을 공유하는 것이었습니다. 원격수업이 확대되면서 출석 체크, 라이브 방송, 학습 과제방 등 온라인 학급운영에 도움이 되는 기능들이 추가되고 있습니다. 학급 SNS로 사용할 수 있는 앱은 네이버 밴드, 하이클래스, 클래스팅, 클래스123 등이 있습니다.

학급 SNS의 역할	
이전(대면 수업)	현재(대면 수업 + 원격 수업)
알림장 게시 사진이나 영상 공유	알림장 게시 사진이나 영상 공유 출석 체크 라이브 방송 학습 과제방

 학급 SNS 100% 활용하기(학급 일과 안내)

학급 SNS에 그날의 일과를 안내합니다. 시간별로 과목명과 학습 내용을 정리하여 글을 올립니다. 학생들은 학급 일과를 보고 오늘 하루가 어떻게 흘러가는지 알 수 있습니다. '선생님 다음 시간 뭐예요?'라는 질문도 적어집니다. 그런 질문이 나온다면 '우리 반 학급 일과를 참고하세요.'라고 안내합니다. 학생들이 학급 SNS에서 학급 일과를 확인하는 습관을 가질 수 있도록 지도합니다.

그리고 예약 발행 기능을 활용하면 좋습니다. 전날 학급 일과를 작성하여 저장하고, 다음날 수업이 시작되기 전에 글이 발행될 수 있게 합니다.

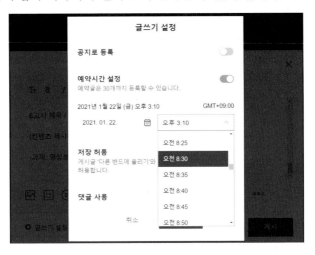

다음은 온라인 수업 날 1~6교시 수업을 안내하고 진행한 예시입니다. 예시를 참고하여 선생님 학급의 일과를 만들어보세요.

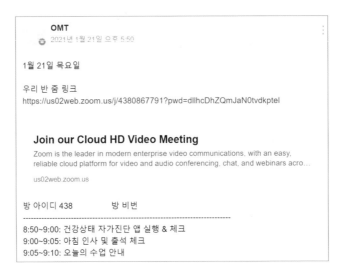

 Zoom에서는 회의 ID와 암호를 고정할 수 있습니다. 학생들이 회의 ID와 암호를 알고 있다면 선생님이 회의실 주소 링크를 보내주지 않아도 정해진 시간에 입장할 수 있습니다.

1교시 미술 / 명화 스케치 놀이

[콘텐츠 활용 중심 수업]
https://www.youtube.com/watch?v=Cklv88XaCo0

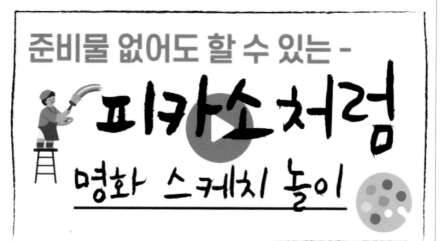

　　1교시는 미술입니다. 오전 시간에는 서버 과부하가 발생할 수 있으므로 콘텐츠 활용 중심 수업으로 구성합니다(서버가 안정적이라면 실시간 쌍방향 수업으로 해도 좋습니다). 콘텐츠 활용 중심 수업은 주로 '콘텐츠 활용＋과제 수행' 방식으로 구성됩니다. 학생들이 콘텐츠를 보는 동안 교사는 지난 시간에 학생들이 제출한 과제를 확인합니다.

> 2교시 수학 / [6차시]꺾은선그래프는 어디에 쓰일까요(수108-109p, 수익74-75p)
>
> [실시간 쌍방향 수업]

2교시는 수학입니다. 수학은 실시간 쌍방향 수업으로 진행합니다.

① 실물화상기로 수학책을 비추며 수업을 할 수 있습니다.

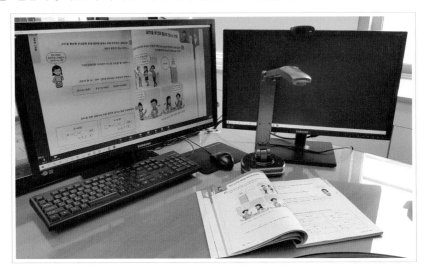

② 디지털 수업 자료(교과서 PDF)를 모니터에 띄운 후, 그 화면을 학생들에게
공유하여 수업을 진행하는 방법도 있습니다.

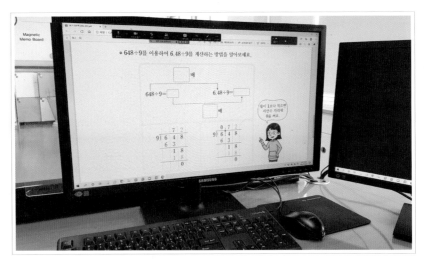

—— 교과서 PDF를 띄운 장면

수학을 잘하기 위해서는 연산을 정확하고 빠르게 하는 능력이 필요합니다. 일일수학이라는 웹사이트에서는 전 학년 연산 문제지를 무료로 제공하고 있습니다(정답지도 있습니다). 등교 수업을 할 때 문제지를 인쇄하여 숙제로 나누어줍니다. 차후 온라인 수업에서 정답을 맞히고 문제 풀이를 합니다.

[일일수학 접속]
QR코드

무료 초등수학 프린트 학습지

일일수학

교과서 진도에 맞춘 전학년 연산문제지를
무료로 프린트하여 풀 수 있습니다.

📢 2015 개정안 업데이트 및 FAQ 안내 **NEW**   ✉ 문의하기

연산은 수학의 기본!
기본튼튼 연산문제지!

PC에서도 모바일에서도
바로바로 답안 확인!

1학년 2학년 3학년 4학년 5학년 6학년

| 1학기 3. 곱셈과 나눗셈 ▾ | 11) 몇십으로 나누기 (나머지 있음) A ▾ |

일일수학
11math.com

4학년 1학기
3.곱셈과 나눗셈
몇십으로 나누기 (나머지 있음) **A**

문제지번호 DDD9371E

출력하기
정답지
다른 문제지

나눗셈의 몫과 나머지를 구하세요.

①
$$80 \overline{)\,291}$$
몫: 3, 240, 51

⑥
$$20 \overline{)\,116}$$

⑪
$$40 \overline{)\,177}$$

②
$$30 \overline{)\,171}$$

⑦
$$90 \overline{)\,329}$$

⑫
$$70 \overline{)\,293}$$

문제지 보기

일일수학
11math.com

4학년 1학기
3.곱셈과 나눗셈
몇십으로 나누기 (나머지 있음) **A**

문제지번호 DDD9371E

나눗셈의 몫과 나머지를 구하세요.

①
$$80 \overline{)\,291}$$
3, 240, 51

⑥
$$20 \overline{)\,116}$$
5, 100, 16

⑪
$$40 \overline{)\,177}$$
4, 160, 17

②
$$30 \overline{)\,171}$$
5, 150, 21

⑦
$$90 \overline{)\,329}$$
3, 270, 59

⑫
$$70 \overline{)\,293}$$
4, 280, 13

온·오프라인으로 소통하는 쌍방향 블렌디드(Blended) 학급운영

3교시 사회 / [7차시]세계화가 우리 생활에 미친 영향 알아보기(사113~115p)

[실시간 쌍방향 수업]

4교시 창체(봉사 활동) / 영상을 보고 스스로 방 청소하기

[콘텐츠 활용 중심 수업]
https://www.youtube.com/watch?v=lOCj2Ys1Qcl

따라 하는 5분 교실 청소 가이드(미덕 교육, 버츄프로젝트 활용)
따라 하면 쉬워지는 교실 청소오클래스 블로그 https://blog.naver.com/aloet7
www.youtube.com

5교시 음악 / [2차시]의식과 음악(76-77p)

[실시간 쌍방향 수업]

　　3교시 사회 수업은 실시간 쌍방향 수업입니다. 4교시 창의적 체험활동(봉사 활동)은 콘텐츠 활용 중심 수업입니다. 5교시 음악 수업은 실시간 쌍방향 수업입니다.

　　총 5시간 수업 중 3시간은 실시간 쌍방향 수업, 2시간은 콘텐츠 활용 중심 수업으로 구성하였습니다. 학년, 교과목, 학습 수준, 학생들의 피로도 등을 고려하여 실시간 쌍방향 수업과 콘텐츠 활용 중심 수업의 비중을 적절하게 조절합니다.

04 성장 지도(알림장을 활용하여 소통하기)

성장 지도는 온라인과 오프라인 수업을 병행하는 상황에서 사용할 수 있는 알림장 양식입니다. 하루의 여정을 안내하는 지도와 같은 역할을 합니다. 등교하는 날 인쇄하여 학생들의 공책에 붙이게 합니다(두 쪽 모아 찍기 하여 인쇄한 후, 반으로 잘라 공책에 붙일 수 있게 합니다).

[성장 지도] 양식
다운로드 QR 코드

〈2020년 11월 27일 수요일〉　📍 성장 지도

📍 시간표: 수학, 과학, 도덕, 영어, 국어, 국어

제출할 것	성장 공책
급식, 우유	반찬 골고루 먹기, 우유 2교시 후 마시기

📍 아침 자습 시간: 한자 쓰기 책 15쪽　*건강상태 자가진단
♫1교시: [2차시]꺾은선그래프를 알아볼까요(수100~101p, 수익66~67p)
♫2교시: [1차시]물을 주지 않아도 되는 실내 정원(과 104~105p)
♫3교시: [4차시]함께하는 행복한 세상을 만들어요(도114~117p)
♫4교시: 전담 교과
♫5교시: [1차시]시를 읽고 경험 말하기(국276~281p)
♫6교시: [2차시]시를 읽고 경험 말하기(국276~281p)
♫닫는 마당: 자기 자리 정리하기, 선생님·친구들과 인사 나누기
📍지도 사항: 웃어른께 인사 잘하기, 위험한 장난하지 않기, 고운 말 사용하기

📍 알림장	선생님 확인:	부모님 확인:
1.		
2.		
3.		

📍 온라인 수업 자기 점검표
*출석·과제를 충실히 하고 있는지, 수업 태도가 좋은지 스스로 돌아봅시다.
◎ 칭찬 / ○ 보통 / △ 노력 요함

항목 \ 날짜(요일)				
출석				
과제				
태도				

〈2020년 11월 27일 수요일〉　📍 성장 지도

📍 시간표: 수학, 과학, 도덕, 영어, 국어, 국어

제출할 것	성장 공책
급식, 우유	반찬 골고루 먹기, 우유 2교시 후 마시기

📍 아침 자습 시간: 한자 쓰기 책 15쪽　*건강상태 자가진단
♫1교시: [2차시]꺾은선그래프를 알아볼까요(수100~101p, 수익66~67p)
♫2교시: [1차시]물을 주지 않아도 되는 실내 정원(과 104~105p)
♫3교시: [4차시]함께하는 행복한 세상을 만들어요(도114~117p)
♫4교시: 전담 교과
♫5교시: [1차시]시를 읽고 경험 말하기(국276~281p)
♫6교시: [2차시]시를 읽고 경험 말하기(국276~281p)
♫닫는 마당: 자기 자리 정리하기, 선생님·친구들과 인사 나누기
📍지도 사항: 웃어른께 인사 잘하기, 위험한 장난하지 않기, 고운 말 사용하기

📍 알림장	선생님 확인:	부모님 확인:
1.		
2.		
3.		

📍 온라인 수업 자기 점검표
*출석·과제를 충실히 하고 있는지, 수업 태도가 좋은지 스스로 돌아봅시다.
◎ 칭찬 / ○ 보통 / △ 노력 요함

항목 \ 날짜(요일)				
출석				
과제				
태도				

공책에 붙인 성장 지도의 모습입니다. 공책 정리를 할 수 있도록 성장 지도의 윗부분만 공책에 접착합니다.

성장 지도에 대해 좀 더 자세히 알아보겠습니다.

📍 아침 자습 시간: 한자 쓰기 책 15쪽   *건강상태 자가진단
♫1교시: [2차시]꺾은선그래프를 알아볼까요(수100-101p, 수익66-67p)
♫2교시: [1차시]물을 주지 않아도 되는 실내 정원(과 104-105p)
♫3교시: [4차시]함께하는 행복한 세상을 만들어요(도114-117p)
♫4교시: 전담 교과
♫5교시: [1차시]시를 읽고 경험 말하기(국276-281p)
♫6교시: [2차시]시를 읽고 경험 말하기(국276-281p)
♫닫는 마당: 자기 자리 정리하기, 선생님·친구들과 인사 나누기

① 그날의 학습 내용을 일목요연하게 정리합니다. 이 부분은 학생들이 보는 것이지만 교사에게도 도움이 됩니다. 그날 어떤 과목이 들었는지, 학습 목표는

무엇인지 한 번 더 떠올려 볼 수 있기 때문입니다. 학생들이 매일 대면 수업을 하는 상황이라면 이 알림장을 매일 만듭니다. 그러면 항상 수업 전날에 다음날 가르칠 내용이 무엇인지 체크할 수 있습니다. 이렇게 성장 지도는 준비된 교사로서 교단에 설 수 있게 하는 시스템을 만드는 역할을 합니다.

② '지도 사항'에는 예절교육, 안전교육, 학교폭력 예방교육 등의 내용을 넣습니다.

📍지도 사항: 웃어른께 인사 잘하기, 위험한 장난하지 않기, 고운 말 사용하기

③ 학급에 안내할 사항을 이곳에 쓰기 때문에 따로 알림장을 준비하지 않아도 됩니다. 성장 지도를 가정과 소통하는 창구로 사용할 수 있도록 '부모님 확인'란에 부모님의 사인이나 도장을 꼭 받아오도록 지도합니다.

📍 **알림장**	선생님 확인:	부모님 확인:
1.		
2.		
3.		

④ 마지막으로 '온라인 수업 자기 점검표'입니다. 날짜별로 잘함은 ◎, 보통은 ○, 노력 요함은 △ 표시를 하여 온라인 수업을 하는 날의 수업 참여도를 스스로 돌아보게 할 수 있습니다.

📍 온라인 수업 자기 점검표
*출석·과제를 충실히 하고 있는지, 수업 태도가 좋은지 스스로 돌아봅시다.
◎: 잘함 / ○: 보통 / △: 노력 요함

항목 \ 날짜(요일)				
출석				
과제				
태도				

⑤ 매일 대면 수업을 한다면 '온라인 수업 자기 점검표' 대신 학급 특색 활동을
합니다(예시는 2021학년도 필자 학급의 특색 활동인 '버츄 프로젝트'입니다).

📌 오늘의 미덕 필사하기	
선생님이 오늘의 미덕과 뜻을 알려드립니다. 오늘 하루 잘 실천해봅시다.	
오늘의 미덕:	
뜻	
그 미덕을 깨우기 위해 내가 실천할 일:	

온 · 오프라인 수업 병행 상황에서의 성장 지도와 전면 대면 수업을 할 때의 성장 지도 비교

〈2020년 11월 27일 수요일〉　　　　　　　　　📍 성장 지도

📍 시간표: 수학, 과학, 도덕, 영어, 국어, 국어

제출할 것	성장 공책
급식, 우유	반찬 골고루 먹기, 우유 2교시 후 마시기

📍 아침 자습 시간: 한자 쓰기 책 15쪽　*건강상태 자가진단

🎵1교시: [2차시]꺾은선그래프를 알아볼까요(수100-101p, 수익66-67p)

🎵2교시: [1차시]물을 주지 않아도 되는 실내 정원(과 104-105p)

🎵3교시: [4차시]함께하는 행복한 세상을 만들어요(도114-117p)

🎵4교시: 전담 교과

🎵5교시: [1차시]시를 읽고 경험 말하기(국276-281p)

🎵6교시: [2차시]시를 읽고 경험 말하기(국276-281p)

🎵닫는 마당: 자기 자리 정리하기, 선생님 · 친구들과 인사 나누기

📍지도 사항: 웃어른께 인사 잘하기, 위험한 장난하지 않기, 고운 말 사용하기

📍 **알림장**	선생님 확인:	부모님 확인:
1.		
2.		
3.		

📍 온라인 수업 자기 점검표

*출석 · 과제를 충실히 하고 있는지, 수업 태도가 좋은지 스스로 돌아봅시다.

◎: 잘함 / ○: 보통 / △: 노력 요함

항목　날짜(요일)				
출석				
과제				
태도				

──── 온 · 오프라인 수업 병행 상황에서의 성장 지도

〈2021년 3월 19일 금요일〉   📍성장 지도

📍 시간표: 국어, 수학, 실과, 실과, 미술, 미술

제출할 것	성장 공책
급식, 우유	반찬 골고루 먹기, 우유 2교시 후 마시기

📍 아침 자습 시간: 한자 쓰기 29~32쪽

♬1교시: [6차시]이야기를 읽고 요약하기(국85-87p)

♬2교시: [2차시]각기둥을 알아볼까요(수32-33p, 수익20-21p)

♬3교시: [5차시]건강한 가정생활의 조건(15p)

♬4교시: [6-7차시]가족 간의 배려와 돌봄(16-17p)

♬5교시: [알아보아요]광고의 발상 방법 알기(13p)

♬6교시: 공익 광고 만들어보기

♬닫는 마당: 자기 자리 정리하기, 선생님, 친구들과 인사 나누기

📍 건강상태 자가진단 매일 하기, 다중 시설 이용 자제하기

📍 알림장	선생님 확인:	부모님 확인:
1.		
2.		
3.		

📍 오늘의 미덕 필사하기

선생님이 오늘의 미덕과 뜻을 알려드립니다. 오늘 하루 잘 실천해봅시다.	
오늘의 미덕:	
뜻	
그 미덕을 깨우기 위해 내가 실천할 일:	

—— 전면 대면 수업을 할 때의 성장 지도

05 자기소개(교사 자기소개, 학생 자기소개)

1 교사 자기소개

새 학기 첫날 교사의 자기소개를 OX 퀴즈로 진행할 수 있습니다. OX 퀴즈에 교사의 교육관과 선생님이 바라는 학급의 모습을 담는 것이 좋습니다. OX 퀴즈를 잘 활용하면 교사의 메시지를 재미있고 효과적으로 전달할 수 있습니다.

[교사 자기소개용 PPT]
다운로드 QR코드

---

1. 선생님은 독서를 좋아한다. (O)

– 선생님은 다양한 책을 읽는 것을 좋아합니다. 우리 반 친구들도 선생님과 함께 책을 가까이하고 독서를 생활화하는 친구들이 되길 바랍니다.

2. 선생님은 무섭다. (X)

– 선생님은 항상 친절하려고 노력합니다. 하지만 여러분들이 규칙을 어기거나 예의 없는 행동을 하는 경우에는 호랑이 선생님이 될 수도 있어요.

3. 선생님은 사진 찍는 것을 좋아한다. (O)

– 선생님은 학생들과의 추억을 사진으로 남기는 것을 좋아합니다. 여러분이 모두 동의를 해준다면 올해도 멋진 사진들을 찍어보도록 하겠습니다. 여러분은 모두 훌륭한 모델입니다!

선생님을 소개합니다.

이름 : 김 광 희

OX 퀴즈입니다.

1. 선생님은 독서를 좋아한다.

2. 선생님은 무섭다.

3. 선생님은 사진 찍는 것을 좋아한다.

알고 싶은 내용이 있나요?

🔍 게임 　　🔍 좋아하는 연예인

🔍 좌우명 　🔍 최고의 여행

🔍 사는 곳 　🔍 퇴근하고 하는 것

선생님이 좋아하는 행동 ☺

1. 용기 있는 행동

2. 실수에서 벗어나기

3. 선생님 말을 잘 들어주는 것

그 반대는? 💧

1. 수업을 방해하는 것

2. 편가르기 하는 행동

3. 친구를 존중하지 않는 것

들어주셔서 감사합니다.

② 학생 자기소개

새 학년도가 시작되는 3월에 학생들은 저마다 자기소개를 합니다. 학생들이 자기소개를 자연스럽고 편안하게 했었나요? 혹시 다들 형식적인 자기소개를 하고 다른 친구의 발표에는 큰 관심이 없지는 않았나요?

"내일 자기소개를 할 예정이니 각자 준비해오도록 하세요."라고 안내를 한다면 학생들은 어떤 내용을 준비해야 할지 막막하고 부담스러울 것입니다. 그래서 형식적인 자기소개를 하게 되는 것입니다. 20여 명의 친구들이 뻔한 발표를 하니 궁금하지도 않고 지루한 시간이 되고 맙니다.

하지만 학생들과의 첫 만남에서 교사의 자기소개를 OX 퀴즈로 진행했다면 다음 날 학생들의 자기소개도 달라질 수 있습니다. 학생들도 자기소개를 선생님처럼 퀴즈로 준비하게 합니다. 나에 대해 어떤 정보를 담아 퀴즈로 출제할지 즐거운 고민을 하며 자기소개 시간을 기다릴 것입니다.

06 가치 있는 역할

온라인 수업 상황에서도 학생들이 학급에 도움을 줄 수 있는 역할을 맡고, 수행할 수 있도록 지도합니다. 우리 반 온라인 수업에서 필요한 역할은 어떤 것들이 있는지 자유롭게 이야기를 나눕니다. 온라인 수업 상황에서는 대면 수업 때보다 수행할 역할의 가짓수가 비교적 적을 수 있습니다. 하지만 이야기를 나누다 보면 선생님도 생각하지 못했던 아이디어가 나올 때가 있습니다. 다음 예시를 참고하여 우리 반에 꼭 필요한 역할을 만들어보시기 바랍니다.

[가치 있는 역할
정하기 안내 영상]
QR코드

① 출석 확인자

실시간 쌍방향 수업 시작 시, 교사는 학생들을 맞이하며 수업을 시작할 준비를 합니다. 출석 확인자 역할을 맡은 학생은 화면을 둘러보고 수업에 아직 들어오지 않은 친구가 누구인지 교사에게 알려주는 역할을 합니다.

> 나로부터 에게 모두:
>
> 3월 18일
>
> 1교시 수학
>
> 1. 수학 20쪽-21쪽
>
> 2. 수익 14-15쪽
>
> 발신자20[　]　나에게: (DM)
>
> < 출석 체크 >
> 선생님, 2명이 아직 안 들어왔
> 어요
>
> 5번[　]　, 22번[　]
>
> 나로부터 에게 20[　]　(DM)
>
> [　]알겠어요
> 고마워요~

② 채팅 관리자

친구들이 채팅창에서 수업과 관련 없는 이야기들을 나눌 때, 수업에 집중할 수 있도록 분위기를 조성하는 역할을 합니다.

발신자1 [ ] 수신자 모두:

마자

발신자22 [ ] 수신자 모두:

먹으

발신자16 [ ] 수신자 모두:

신라면

아

ㄶ

발신자19 [ ] 수신자 모두:

아니거든

발신자1 [ ] 수신자 모두:

애드라

발신자21 [ ] 수신자 모두:

< 우리 반 쌍방향 수업 규칙 >

1. 화면을 켜고, 바른 자세로 앉기
2. 음소거 해제 (만약, 내 주변이 시끄러우면 음소거)
3. 필요 없는 말과 채팅은 하지 않기

③ 시간 알림이

쉬는 시간이 끝나기 1분 전에 친구들에게 다음 수업 시간을 준비해야 함을 알려주는 역할을 합니다.

몇 개의 역할이 정해지면 순서대로 돌아가며 수행합니다.

학생들은 학급에서 자신이 맡은 역할 수행을 통해 책임감, 소속감, 자존감을 기를 수 있습니다. 단순히 '학급의 일을 나누어 한다.'가 아니라, '내가 우리 반을 위해 할 수 있는 일은 무엇이 있을까?'라는 고민을 통해 만들어진 역할이기 때문에 더욱 가치가 있습니다.

07 갈등해결 방법

"잘난 척 하지 마." … 코로나로 학교폭력 줄었지만, 사이버 폭력
늘어　　　　　　　　　　　　　－ 최예나, 이소정, 『동아』, 2021.1.21.

[평화 상담지 양식]
다운로드 QR코드

　교육부가 2021년 1월 21일에 발표한 '2020년 학교폭력 실태
조사'에서 사이버폭력을 경험한 비율은 12.3%에 달했다고 합니다.
학생들이 서로 대면하는 일이 적어지면서 물리적인 폭력 피해는 줄
었지만 사이버폭력을 경험했다는 응답은 2013년 조사 이후 가장 높은 수치로 기록
되었습니다.

　이전에도 온라인 공간에서의 갈등은 존재했었습니다. 하교 후 또는 주말 동안
문제가 발생하면, 등교했을 때 문제를 해결하곤 했습니다. 주로 선생님과 관련 학생
들 간의 상담을 통해 갈등해결을 했었습니다. 하지만 이제는 대면할 수 없는 경우를
대비하여 온라인 공간에서의 갈등해결 방법을 모색해야 합니다.

　다음은 평화 상담지 양식입니다. 학생들과 대면할 수 있다면 각자 상담지의 내
용을 채워 선생님과 대면 상담을 합니다.

평화 상담

날짜		월 일
이름		

	실수해도 괜찮아! 실수에서 벗어나면 성장할 수 있어.
따라 쓰기	

1. 누구와 어떤 문제가 있었나요?

● 친구가 어떻게 했는지, 나는 어떻게 했는지 <u>구체적인 말과 행동을 적기</u>

2. 마음 살펴보기

● 그때 나의 마음은 어땠나요? (화남, 속상함, 짜증, 분노, 섭섭함, 미안함 등)

● 그 친구의 마음은 어떨까요? (화남, 속상함, 짜증, 분노, 섭섭함, 미안함 등)

● 여러분의 부모님과 선생님의 마음은 어떨까요?

3. 문제 해결하기

● 이 문제를 해결하기 위해 필요한 미덕은 무엇일까요?   (   )

> **예** 관용, 너그러움, 도움, 배려, 사랑, 상냥함, 소신, 신뢰, 용기, 용서, 유연성,
> 이해, 인내, 정직, 존중, 정의로움, 책임감, 초연, 친절, 평온함, 화합, 믿음

● 선택한 미덕으로 <u>긍정 문장 만들기</u>

> **예** 나는 '너그러움'의 미덕을 깨울 수 있는 사람이다.

● 문제를 해결하기 위해 사용하고 싶은 문제해결 방법 선택하기 (   )

☞ 여기 없다면 어떤 방법이 좋을지 써보기

심호흡하기

'하지 마'라고 말하기

친구에게 도움 요청하기

학급 회의 안건으로 올리기

혼자만의 시간을 갖기

좋아하는 장소에 가기

양보하기

사과하기

'나 전달법' 사용하기

그냥 참아보기

만약 학생들과 대면할 수 없다면 '구글 설문지'를 활용하여 질
문에 답하게 합니다. 구글 설문지로 작성한 상담지의 주소 링크를
보내면 학생들이 스마트기기를 활용하여 응답을 할 수 있습니다. 교
사는 학생들의 응답 내용을 확인한 후, 관련 학생들과 상담을 합니다
(구글 설문지로 상담지 양식을 만드는 방법은 부록 241쪽을 참고하세요).

[구글 설문지 상담지
예시] QR코드

따라쓰기ㅣ실수해도 괜찮아! 실수에서 벗어
나면 성장할 수 있어.

내 답변

누구와 어떤 문제가 있었나요?(친구가 어떻
게 했는지 구체적인 말과 행동을 적기)

내 답변

나는 어떻게 했는지 구체적인 말과 행동을
적기

내 답변

그때 나의 마음은 어땠나요? (화남, 속상함,
짜증, 분노, 섭섭함, 미안함 등)

내 답변

인간관계의 시작은 인사입니다. 아침에 만나 나누는 짧은 인사는 어색함을 덜어주고 하루를 즐겁게 시작하게 합니다. 온라인에서도 마찬가지입니다. 출석체크를 한 후 바로 교과서를 펴고 수업을 시작하는 것은 너무 딱딱한 느낌입니다. 모두와 함께 인사를 나누고 간단히 안부를 묻는 것만으로도 분위기를 훨씬 부드럽게 만들 수 있습니다.

1 인사말과 하이파이브

가장 간단하면서 쉬운 인사입니다. 각자 자신의 모습을 비추는 카메라(PC의 웹캠, 노트북 내장형 캠, 스마트폰 카메라 렌즈 등)를 향해 손바닥을 가져다 대는 것입니다. 마치 하이파이브를 하는 것처럼 다 함께 동시에 손바닥을 튕기듯이 카메라에 가까이했다가 멀어지게 합니다.

이때 아래 예시처럼 활기차게 하루를 시작하는 인사말을 동시에 말하며 하이 파이브를 하면 좋습니다.

- 기본 인사말: *"3학년 2반 파이팅!", "오늘도 만나서 반가워!"*
- 우리 반 구호: *"아자! 아자! 힘내자!", "생각은 창의적으로! 마음은 따뜻하게!"*

② 특별한 인사

때로는 특별한 아침 인사로 평소와 다른 분위기를 낼 수 있습니다. 특별한 인사를 하는 날에는 선생님이 오늘은 왜 특별한 날인지 간단히 소개한 후에 인사 방법을 안내합니다.

- 생일인 친구 축하(박수, 엄지척 등의 제스처): *"○○아, 생일 축하해!"*
- 전학 온 친구 환영(양손을 들고 흔들면서 환영하는 제스처): *"○○아, 우리 반에 온 걸 환영해!"*

③ 역사적 명언이나 재미있는 문구 등 활용

학생들에게 아침 인사 미션을 줍니다. 내일 공부할 내용과 관련한 대사 한 마디를 준비하게 합니다(예습의 효과가 있습니다). 우리 인생에 도움이 될 명언 또는 센스 있는 삼행시 인사를 준비하게 할 수도 있습니다.

① 오늘 학습할 내용과 관련된 문구나 위인들의 명언

- 역사 공부를 하는 날: "역사를 잊은 민족에게 미래는 없다." - 신채호
- 이순신 장군에 대해 배우는 날: (동작과 함께) "나의 죽음을 적에게 알리지 말라"

② 학생들에게 동기를 부여하는 명언

- "불가능이란 없다.", "피할 수 없으면 즐겨라.", "실패하는 것은 곧 성공으로 한 발짝 더 나아가는 것이다." 등 선생님이 선창을 하고 학생들이 후창을 하는 방식으로 진행합니다.

  예 선생님: 피할 수 없으면!

  학생들: 즐겨라!

③ 센스 있는 삼행시 인사

- **고사리:** "고맙습니다. 사랑합니다. 이해합니다."
- **아리랑:** "(하트 표시하며) 아름다운 이 순간 서로 사랑합시다."

온라인 수업 상황에서 쉬는 시간을 알차게 채우는 방법들을 소개합니다. 쉬는 시간이기 때문에 자유롭게 시간을 보내도 되지만, 그저 게임만 하거나 혼자서 시간을 어떻게 보내야 할지 모르겠다는 학생들에게 쉬는 시간을 즐겁게 보내는 방법을 알려줄 수 있습니다.

① 스트레칭 영상 공유

10분 정도의 스트레칭을 통해 학생들의 몸과 마음을 이완시킵니다.

② 재미있는 영상 공유하기

학습 내용과 관련된 흥미로운 영상을 공유합니다.

③ 음악 또는 뮤직비디오 공유

학생들이 좋아하는 음악 또는 뮤직비디오를 틀어줍니다.

④ 만화 완성하기

네 컷 만화에서 마지막 장면을 상상하여 그립니다(네 컷 만화에서 세 번째 장면까지 보여준 후, 학생들이 마지막 장면을 각자의 공책에 그립니다).

⑩ 동기를 부여하는 효과적인 보상

　　적절한 보상은 학생들이 배움의 세계로 더 잘 들어올 수 있도록 유도합니다. 발표를 잘하거나 학습 태도가 좋은 학생에게 스티커, 사탕, 포인트 등을 주는 것은 외적 보상입니다. '학습에 충실하면 스스로 만족감을 느끼기 때문에', '성적이 향상되면 기분이 좋기 때문에'와 같은 동기로 수업에 임했다면 내적 보상에 의한 학습이라고 할 수 있습니다.

[한마음 한뜻 황금별
모으기 양식]
다운로드 QR코드

　　보상은 점차 외적 보상에서 내적 보상으로 옮겨 가게 하는 것이 바람직합니다. 외적 보상은 보상을 줘야 하는 사람이 있어야 합니다. 반면 내적 보상으로 인한 움직임은 조건부적인 것이 아닌, 학습자의 자발성에 기인하는 것이기 때문에 학습을 좀 더 지속적이고 즐겁게 할 수 있게 합니다.

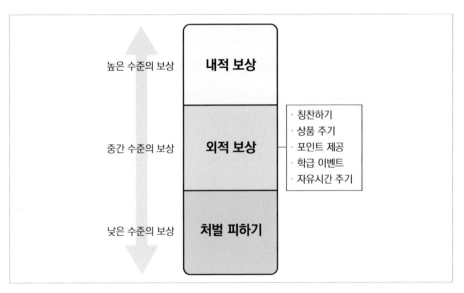

── 보상의 수준

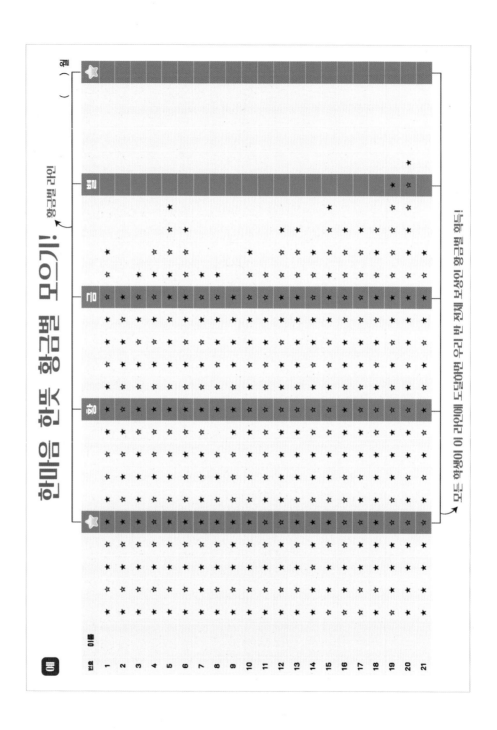

온·오프라인으로 소통하는 쌍방향 블렌디드(Blended) 학급운영

한마음 한뜻 황금별 모으기

(개인)

온라인 수업에 늦지 않게 출석한 학생 (9시까지) ★

당일 온라인 수업 과제를 모두 수행한 학생 ★

등교 수업 중 수업 태도가 바른 학생 ☆

매월 별 개수가 많은 학생 3명에게는 선생님이 특별한 선물을 드립니다!

(전체)

★ 황금별을 10개 이상 모으면 학기말 파티를 엽니다. ☆

(모든 학생이 황금별 라인에 도달하면 황금별을 하나!)

황금별을 모아라!

날짜	3월 19일	4월 3일	4월 19일	월 일	월 일	월 일	월 일	월 일	월 일	월 일	월 일
학급별											

ROUTINE

한마음 한뜻 황금별 모으기

- 별(★, ☆): 학생 각자에게 주는 별
- 황금별: 우리 반 전체에게 주는 별

학생 개개인에 대한 보상과 학급 전체에 대한 보상(공동의 목표)을 통해 학습 동기를 유발할 수 있는 방법을 소개합니다.

먼저 학생들의 학교생활 태도, 수업 참여도, 과제 수행 등에 대하여 검정 별(★)과 흰 별(☆)을 줍니다. 검정 별은 온라인 수업, 흰색 별은 대면 수업에서 줍니다. 매달 별을 가장 많이 얻은 학생 몇 명을 선정하여, 개별 보상을 할 수 있습니다.

그리고 학생들이 얻은 별을 합산하여 전체 보상을 할 수도 있습니다. 학급의 모든 학생이 별을 모아 황금별 라인에 도달하면, 우리 반에 황금별을 줍니다(132쪽의 예시에서 1번~21번까지 모든 학생들이 별을 모아 황금별 라인의 세 번째까지 도달했습니다. 그러면 우리 반은 황금별 3개를 획득합니다).

황금별을 계속 모아 10개가 되면, 학급 전체 보상을 할 수 있습니다. 어떤 보상을 줄 것인지는 사전에 학생들과 토의하여 정합니다. 개별 보상은 개인이 잘하면 받을 수 있는 것이지만, 전체 보상을 얻기 위해서는 모두가 협동심을 발휘해야 합니다. 공동의 목표를 달성하고자 할 때 학생들은 서로 격려하고 협동하는 모습을 보입니다.

 Q: 별(★, ☆)을 전혀 받지 못하는 학생이 있다면?

A: 학급 활동에 참여도가 굉장히 낮은 학생이 있을 수 있습니다. 그러면 우리 반은 황금별을 모으기 어렵습니다. 이 경우, 학생들이 각자 모은 별의 개수를 총 합산하여 황금별을 획득하는 방법도 있습니다.

모든 학생이 황금별 라인에 도달해야 황금별을 받는 것이 아니라, 개개인의 별의 총합이 100개면 황금별 1개, 200개면 황금별을 1개 더 얻는 것입니다. 그러면 한두 명의 학생이 별을 전혀 받지 못해도, 다른 학생들이 별을 꾸준히 모으면 학급 전체 보상을 받을 수 있습니다.

*활동: 하이클래스 활용하기 ('자유게시판' 활용)

① 미션1: 자기 소개
-자기 이름으로 자기소개 삼행시를 지어 댓글 달기
-방법: '자유 게시판-[4월10일 미션1 : 자기 이름으로 자기소개 3행시]' 에 댓글 달기

② 미션2: 내가 좋아하는 것 소개
-내가 좋아하는 것을 사진으로 찍어서 올리고 한 줄 소개하기
-방법: '자유 게시판'에 글쓰기(+)로 등록

    온라인 학습을 할 때 가끔씩 간단한 미션을 줍니다. 특별한 준비물이 있거나 학생들이 수행하기 부담스러운 미션은 지양해야 합니다. 과제보다는 즐거운 미션이라는 느낌이 들도록 활동명, 콘셉트, 테마를 재미있게 설정하는 것이 좋습니다. 활동의 결과물을 사진으로 찍어 올려 친구들과 공유하면 더욱 즐거워합니다.

1. 3행시 짓기

- 모든 학생들이 자신의 이름으로 개성 있는 3행시 완성
- 모두가 함께 볼 수 있는 공간을 활용하여 서로의 3행시 공유

2. 자신이 좋아하는 것을 사진으로 찍어서 올리고 한 줄 소개하기
(사진을 학급 SNS에 올리고 등교 수업할 때 발표하기)

- 학생들이 서로 자유롭게 댓글을 달며 소통함.
- 교사는 '00이는 ~~을 좋아하는구나.'와 같은 댓글을 달아주며 학생들과 가까워질 수 있음.

3. 댓글 미션

① 주제 글쓰기

- 교사가 흥미로운 주제를 제시하고, 학생들이 독특하고 창의적인 생각을 댓글로 쓰기

  예 내가 하늘을 날 수 있다면?

  내가 미래에 다녀올 수 있다면?

② 칭찬 릴레이

- 학생들이 돌아가면서 우리 반 친구의 칭찬할 점을 댓글에 쓰기

  예 종혁이는 힘이 세서 무거운 물건을 나 대신 들어주었어.

  하은이는 어제 수학 과제를 도와주었어.

③ 끝말잇기

- 교사가 제시어를 주고, 학생들이 순서대로 댓글을 달며 끝말잇기를 합니다.

  예 (제시어) 사과-과자-자전거-거미-미용실-실수-수리공

제5장

쌍방향 블렌디드 수업

ACTIVITY

온라인 수업에서도 수업 시작부터 마무리까지 학생들을
수업 속으로 자연스럽게 끌어들일 수 있습니다.

이렇게 학생들이 동기를 갖고 수업에 참여하는 것이
진정한 쌍방향 수업이라고 할 수 있습니다.

액티브한 수업을 만드는 다양한 방법들을 5장에서 알아보도록 하겠습니다.

재미있는 동기유발 방법

동기유발은 수업 도입부에 학생들의 관심을 끌며 수업에 집중하도록 하는 과정입니다. 실시간 쌍방향 수업에서는 화면 공유 기능을 활용하여 동기유발을 더 효과적으로 진행할 수 있습니다. 답을 아는 학생들은 기다렸다가 함께 답을 외치거나 비밀 채팅으로 선생님께 답을 보낼 수 있습니다.

❶ 이미지를 부분만 보여주기

Zoom에서 [화면 공유] – [고급] – [화면 일부] 기능을 활용하면, 공유하는 장면의 일부분만 보여줄 수 있습니다. 예를 들어, 동물 또는 식물 사진의 일부분을 보여주며 호기심을 유발할 수 있습니다. 그리고 조금씩 보여주는 범위를 크게 하면, 선생님이 공유한 사진이 무엇인지 알아맞히는 학생들이 생깁니다.

회의 컨트롤 도구에서 [화면 공유] 아이콘 누르기

[화면 공유]-[고급]-[화면 일부]

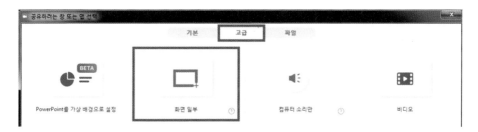

사진 속 초록색 창의 범위만큼만 학생들이 볼 수 있습니다.

온·오프라인으로 소통하는 쌍방향 블렌디드(Blended) 학급운영

② 소리만 들려주기

Zoom에서 [화면 공유] – [고급] – [컴퓨터 소리만] 기능을 활용하면 소리만 들려줄 수 있습니다. 수업 도입 시, 수업에 관련된 여러 가지 소리를 들려줄 수 있습니다(예 학습 주제가 '봄'이라면 봄비, 개구리 울음소리, 시냇물이 흐르는 소리 등을 들려줍니다). 학생들은 무슨 소리인지 맞히고 싶어 소리에 귀를 기울입니다.

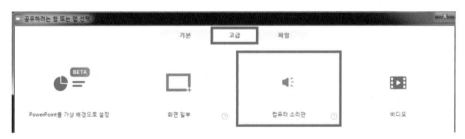

③ 초성퀴즈와 스무고개

초성퀴즈와 스무고개는 학생들이 굉장히 흥미로워하는 동기유발 방법입니다. 대면 수업에서도 아주 즐거워 합니다. 교사는 그 시간에 학습하게 될 주요 단어를 정답으로 정합니다. 학생들이 잘 맞히지 못할 때, 학생들에게 힌트와 단서를 주며 진행합니다.

초성퀴즈 예시

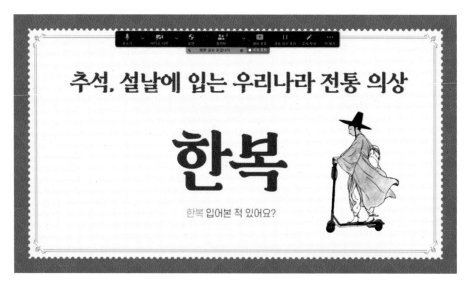

온·오프라인으로 소통하는 쌍방향 블렌디드(Blended) 학급운영

02 여러 가지 발표 방법

온라인에서 활용할 수 있는 다양한 발표 방법을 소개합니다.

첫 번째는 '뽑기 발표'입니다. 번호가 있는 뽑기를 뽑으면 해당 번호의 학생이 발표를 하는 방식입니다. 재미있는 발표를 위해 2개 혹은 3개를 뽑아서 가장 큰 번호(또는 가장 작은 번호)의 학생이 발표를 해도 좋습니다.

[여러 가지 발표 방법]
영상 QR코드

—— 뽑기 발표

두 번째는 '다음은 너 발표'입니다. 학생들은 발표를 한 다음, 다른 친구의 이름을 불러 지목합니다. 발표를 마친 사람은 [비디오 중지]를 눌러 잠시 비디오를 끕니다. 이렇게 하면 선생님은 누가 발표를 했고 누가 안 했는지 한눈에 알 수 있습니다.

—— 다음은 너 발표

　세 번째는 '가위바위보 발표'입니다. 화면에 손을 비춰 가위바위보를 합니다. 여러 번 가위바위보를 하여 끝까지 남은 사람이 발표하게 됩니다(경우에 따라 비기거나 진 사람이 발표를 할 수도 있습니다).

—— 가위바위보 발표

온·오프라인으로 소통하는 쌍방향 블렌디드(Blended) 학급운영

네 번째는 '일어나 발표'입니다. 모두가 수업에 잘 참여하고 있는지 확인할 수 있는 방법입니다. 교사가 과제(미션)를 주고 그것을 완료한 학생은 자리에서 일어납니다. 교사는 학생들이 자리에서 일어나는 순서를 살펴보며, 학습 이해도와 과제 수행도를 파악할 수 있습니다. 주어진 시간이 지나면, 학생들은 거의 다 일어날 것입니다. 시간 내에 다 하지 못한 학생들도 일어나서 발표에 참여합니다. 일어난 학생 중 한 명이 발표를 하면 다른 학생들은 그것을 잘 듣고 나와 의견이 같거나 비슷하면 자리에 앉습니다. 이렇게 하면 마지막까지 서있는 학생의 의견도 들을 수 있습니다. '일어나 발표'는 이렇게 학생들의 다양한 의견을 수렴할 수 있는 발표 방법입니다.

────── 일어나 발표

다섯 번째는 '녹음기 발표'입니다. 이 방법도 학생들이 수업에 잘 참여하고 있는지 확인할 수 있는 방법입니다. 교사가 '녹음기 발표를 하겠습니다.'라고 하면 발표자는 전에 발표했던 학생의 말을 그대로 따라해야 합니다. 어수선한 분위기에서 활용하면 수업 분위기를 환기할 수 있습니다. 학생들은 언제 본인의 차례가 올지 모르기 때문에 긴장감을 갖고 수업에 참여합니다.

—— 녹음기 발표

여섯 번째는 '팝업(Pop-up) 발표'입니다. 발표자 오른쪽 상단에 ⋯ 아이콘이 있습니다. 아이콘을 클릭한 후 [모두에게 추천]을 합니다. 학생들은 자신의 얼굴이 언제 화면에 뜨는지 기대감을 갖고 수업에 참여하게 됩니다.

온·오프라인으로 소통하는 쌍방향 블렌디드(Blended) 학급운영

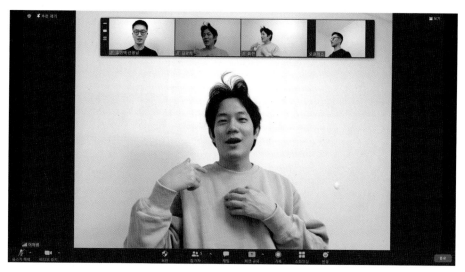

─── 팝업 발표

　일곱 번째는 '채팅창 발표'입니다. 모든 학생들의 의견을 듣고 싶을 때 사용하는 방법입니다.

채팅

나로부터 에게 모두:

농촌과 도시의 차이점은?

발신자오클래스수신자모두:

도시는 차가 많아요!

발신자김광희수신자모두:

농촌은 어른들이 논밭을 가꾸는 일을 많이 하고
도시는 회사에 출근을 해요

발신자오클래스수신자모두:

농촌에서는

밭농사와 논농사를 해요

발신자화전수신자모두:

농촌에는 높은 건물들이 많이 없고,
도시에는 높은 건물들이 많아요

─── 채팅창 발표

여덟 번째는 '짝 발표'입니다. 소회의실을 만들어 짝과 의견을 나눈 후 메인 회의실로 돌아옵니다. 랜덤으로 짝이 되게 하면 누구와 짝이 될지 굉장히 기대가 된다고 합니다.

'소회의실 만들기'에서 [자동으로 할당]을 선택하면 랜덤으로 짝을 지을 수 있습니다. 두 명이 하나의 소회의실에 들어가므로 소회의실 개수는 '학생 수÷2'개로 만듭니다. 짝이 대신 나의 의견을 말해주는 것이기 때문에 평소에 발표를 잘하지 않는 내성적이고 소극적인 학생의 의견도 공유할 수 있습니다.

—— 짝 발표

온·오프라인으로 소통하는 쌍방향 블렌디드(Blended) 학급운영

아홉 번째는 '화살표 발표'입니다. 발표를 마친 사람이 손가락으로 위, 아래, 왼쪽, 오른쪽(대각선도 가능) 방향을 가리키면 교사가 확인하고, 지목된 사람에게 다음 차례임을 알려줍니다.

—— 화살표 발표

열 번째는 '다 같이 발표'입니다. 수업을 진행하면서 필요에 따라 전체 음소거를 할 때가 있습니다. 수업 진행 중에 모두가 답을 하면 좋겠다는 생각이 들 때 [음소거 해제]를 요청합니다(단축키 'Alt + M'). 교사가 "하나, 둘, 셋!" 구호를 외치면 학생들은 음소거를 해제하고 다 같이 대답합니다.

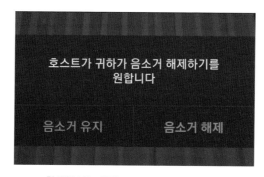

—— 학생이 보는 화면

03 묵독보다 낭독이다

「우리 아이 뇌를 깨우는 101가지 비밀 – MBC」이라는 TV 프로그램에서 학생들을 두 그룹으로 나누어 낭독과 묵독의 학습효과를 비교하는 실험을 진행했습니다. 학습 능력이 비슷한 5학년 학생들에게 같은 책을 주고 A 그룹은 소리 내어 읽기(낭독), B 그룹은 눈으로만 읽기(묵독)를 하게 했습니다. 책의 내용을 물어보는 테스트 결과 A 그룹이 평균 50.6점을 획득하고 B 그룹은 평균 36점을 획득하였습니다. 다음은 A 그룹과 B 그룹의 독서법을 바꾸어 A 그룹은 묵독, B 그룹은 낭독으로 책을 읽었습니다. 2차 테스트 결과 A 팀은 평균 38.7점, B 팀은 평균 57.5점을 획득하였습니다.

낭독을 하면 우리가 말하는 소리가 대뇌의 브로카 영역(언어를 산출하는 역할)과 베로니카 영역(언어를 이해하고 분석하는 역할)을 자극하여 학습 능력을 향상시킵니다. 온라인 학습에서도 낭독의 유용성을 발휘할 수 있습니다. 다음 방법들을 활용하여 교과서 지문을 재미있게 읽어볼 수 있습니다.

❶ 전체 읽기

반 전체 인원이 지문을 번호대로 한 문장씩 읽습니다. 지문이 길다면 한 문단씩 읽기도 가능합니다.

❷ 선생님과 번갈아가며 읽기

선생님과 한 문장씩(혹은 한 문단씩) 번갈아 읽습니다. 선생님이 한 문장을 읽은 후 학생들이 다음 문장을 읽습니다.

❸ 모둠 단위로 읽기

소회의실 기능을 활용하여 모둠을 구성합니다. 모둠에서 낭독 순서를 정해 차례로 읽습니다.

순서를 정하는 방법

모둠에서 낭독 순서를 재미있게 정하는 방법입니다.

① 생일이 빠른 사람부터 읽기

② 신발 사이즈가 큰 사람부터 읽기

③ 머리카락이 긴 사람부터 읽기

④ 필통 속 물건의 개수가 많은 사람부터 읽기

⑤ 휴대폰 번호 맨 뒷자리 숫자가 작은 사람부터 읽기

4 짝 단위로 읽기

지문을 짝 단위로 읽습니다(소회의실에 두 명씩 들어가게 합니다). 이렇게 하면 모둠으로 읽을 때보다 낭독할 수 있는 기회가 더 많습니다. 짝 다음에 바로 본인 차례이기 때문에 학생들의 집중도가 높아집니다.

온 · 오프라인으로 소통하는 쌍방향 블렌디드(Blended) 학급운영

[말풍선 그리기]

삽화(또는 사진)에 있는 등장인물에 말풍선을 그려 그 인물이 할 법한 대사를 써봅니다. 대사를 다 썼으면 말풍선 내용을 공유합니다. 온라인 수업에서는 자신의 웹캠 또는 스마트폰 카메라에 비춰 모두가 볼 수 있게 합니다. 대면 수업을 할 때는 선생님이 실물화상기로 모두에게 보여줄 수 있습니다.

○ 이양선 조선의 배와 달리 특이한 모양을 한 서양의 배라는 의미에서 붙여진 이름이다.

04 학습 정리는 이렇게 하자

1 소회의실에서 서로 가르치기

2~4명의 인원이 그룹이 되어 서로 가르치며 학습 내용을 복기합니다. 30초씩 돌아가며 그날 배운 내용을 요약하여 말합니다. 소회의실 기능을 활용하여 소수의 인원이 학습 내용을 서로 가르치게 하는 것은 매우 효과적인 복습 방법입니다. 공부한 내용을 다른 사람에게 말하면서 본인이 무엇을 알고 무엇을 모르는지 스스로 알아챌 수 있습니다. 학습 내용을 조리 있게 설명할 수 있을 때, 비로소 수업 내용을 완전히 이해했다고 할 수 있습니다.

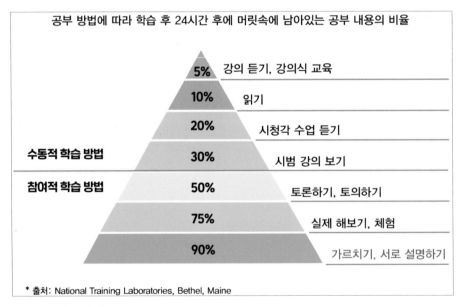

학습 효율성 피라미드

② 학습 정리 문제

선생님이 학습 내용과 관련한 정리 문제를 제시하여 학생들의 전체적인 학습 이해도를 확인할 수 있습니다. 답을 아는 학생들은 잠시 기다리고, 선생님의 "하나, 둘, 셋!" 구호와 함께 답을 외칩니다. 또는 비밀 채팅으로 선생님께 정답을 보낼 수 있습니다. 또 학생들이 자신의 공책에 학습 정리 문제를 만들 수 있습니다.

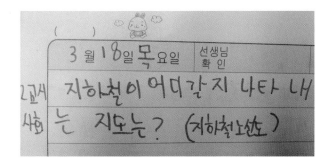

대면 수업을 할 때는 돌아가며 문제를 내고 맞히면서 학습 내용을 정리합니다. 온라인 수업을 할 때는 소회의실에서 돌아가며 자신이 만든 문제를 낼 수 있습니다. 혹은 학습 정리 문제를 채팅창에 출제할 수도 있습니다.

발신자1 ▢ 수신자모두:
지하철이 어디갈지 니타내는 지도는?
발신자16 ▢ 수신자모두:
지하철 노선도
발신자19 ▢ 수신자모두:
지하철 노선도

③ 배움 공책에 정리하기

스스로 공부하는 자기주도적 학습 태도를 기르기 위해서는 공책을 적극 활용해야 합니다. 공책에 학습 내용을 정리하며 학습한 지식을 자신의 방식으로 구조화·체계화할 수 있습니다. 다음으로 구체적인 공책 쓰기 지도 방법에 대해 안내하겠습니다.

05 **이렇게 공책을 쓰면 좋아요!**

온라인 수업이 길어지면 학생들은 피로감을 호소합니다. 수업이 길어질수록 모니터를 봐야 하는 시간이 길어지기 때문입니다. 움직임이 별로 없는 수업에서는 모니터 너머에 있는 교사도 알아챌 수 있을 정도로 지루해 합니다. 학생들의 피로도를 덜어줄 수 있는 방법이 있을까요?

[공책 쓰기 가이드
자료] 다운로드
QR코드

공책 쓰기는 아날로그적인 학습법이지만 아이러니하게도 온라인 수업에 유용합니다. 공책과 모니터를 번갈아 보며 학습을 하기 때문에 눈의 피로를 덜 수 있습니다. 또 교사가 공책에 요점 정리, 중요한 부분 강조하기, 퀴즈 내기 등을 요구하면 학생들은 바빠지기 시작합니다. 공책 정리라는 미션을 수행하기 위해서는 손을 부지런히 움직여야 하기 때문입니다. 따분할 틈이 없어지는 것이지요.

공책 쓰기를 시작하기 전에 '공책 쓰기 가이드'를 공책 크기에 맞게 인쇄하여 나누어줍니다. 공책의 맨 앞 장에 붙여 언제든 참고할 수 있게 합니다.

공책 쓰기 가이드

1. 자를 대고 구분선을 긋습니다(왼쪽은 '핵심 단어' 칸, 오른쪽은 '학습 내용' 칸입니다).
2. 맨 위에 날짜와 요일을 씁니다.
   왼쪽 칸에 교시, 과목명을 쓰고 오른쪽 칸에 〈학습 목표〉를 씁니다.
3. 오른쪽 칸에 수업 내용을 적습니다.
   * 예시처럼 그림, 화살표, 밑줄 긋기, 네모 칸 뚫기 등을 활용합니다(표, 그래프, 마인드맵을 그려도 좋습니다).
4. 수업이 끝난 후 왼쪽 '핵심 단어' 칸을 채웁니다.
   * 오른쪽 학습 내용 칸의 내용을 떠올릴 수 있는 키워드, 내용 요약, 질문을 씁니다.

5. 복습을 할 때는 왼쪽 칸을 손으로 가리고 오른쪽 빈 칸의 내용을 맞춰봅니다. 반대로 오른쪽 칸을 손으로 가리고 왼쪽 키워드를 보며 학습 내용을 말해볼 수도 있습니다(복습을 위한 퀴즈도 냅니다).

	4.2(금)
1교시 사회	**<지도가 무엇인지 알아보기>**
지도	1. ☐란? 위에서 내려다본 땅의 모습을 줄여서 나타낸 그림
지도 사용의 장점 3가지	2. 지도를 사용하면 좋은 점? (<u>사51</u>) 1) <u>넓은 땅의 모습을 한눈에 살펴볼 수 있다.</u> 2) <u>내가 알고 싶은 곳의 위치를 쉽게 파악할 수 있다.</u> 　(1) 우리 학교의 위치 찾기 활동 　(2) 우리 집의 위치 찾기 활동 우리 집은 학교의 북쪽에 있음
장소,건물	3) 원하는 ☐나 ☐을 쉽게 찾을 수 있다.
퀴즈	지도는 정해진 ☐에 따라 그려야 합니다. ☐에 들어갈 말은 무엇일까요? 정답은 위쪽 방향
2교시 수학	**<10000이 얼마만큼의 수인지 알 수 있다.>**

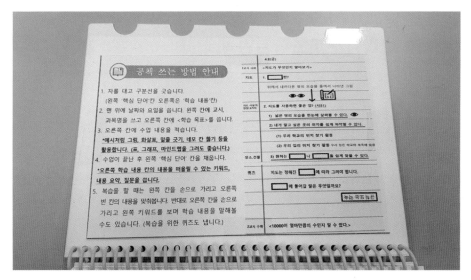

——— 공책 맨 앞 장에 공책 쓰기 가이드를 붙인 모습

① 예시 자료 모방하기: 이전 학년도에 가르쳤던 학생들 중, 공책 정리를 잘 한 학생의 공책을 예시로 보여줍니다. 공책 정리가 익숙해질 때까지 몇 번씩 따라 쓰게 합니다. 우수작 모방하기를 통해 지식을 체계적으로 정리하는 방법을 배울 수 있습니다.

② 우수작으로 추천하여 칭찬하기: 공책 정리를 잘 한 학생의 공책을 화면에 비추어 보여줍니다. Zoom의 [모두에게 추천] 기능을 사용합니다. 열심히 한 학생을 격려하고 칭찬하는 방법입니다. 다른 학생들은 우수작을 보고 자신의 공책 정리 수준을 높일 수 있습니다.

③ 피드백 해주기: 수업이 끝나갈 때 또는 하루 일과를 마치는 종례 시간에 학생들의 공책 정리에 대한 피드백을 해줍니다. 온라인 수업에서는 모두가 공책 정리를 잘하고 있는지 화면에 비춰보게 하고 일일이 확인합니다. 그러면 학생들은 선생님이 학습 점검을 꼼꼼히 하고 있다고 생각합니다. 점검 과정에서 선생님의 칭찬을 듣게 되면 학습 의욕도 높아집니다. 대면 수업을 할 때는 공책에 긍정적인 코멘트를 해줍니다. 또 보상으로 예쁜 도장을 찍어줄 수도 있습니다.

06 효과적인 피드백 방법 세 가지

학생들이 학습 활동을 수행하거나 과제를 완료하여 제출하면, 그것에 대한 적절한 피드백을 해주어야 합니다. 피드백을 통해 학생들이 잘한 점과 부족한 점을 바로 알고, 잘한 점은 더욱 잘 살려 강점으로 발전시키고 부족한 점은 수정·보완할 수 있습니다.

❶ 교사가 피드백하기

학생들이 제출한 과제를 교사가 하나하나 관심을 가지고 살펴본다는 것을 학생들이 느끼게 해야 합니다. 그것이 누적되면 교사에 대한 신뢰가 쌓입니다. 교사의 관심을 받는다고 느끼는 학생들은 과제를 대충 하지 않고 최선을 다할 것입니다. 대면 수업을 할 때는 교사가 궤간 순시하며 일대일로 피드백을 해줄 수 있습니다.

잘한 점은 칭찬하고, 아쉬운 점을 말할 때는 격려와 발전에 대한 기대를 함께 말해주는 것이 좋습니다. 온라인 수업에서의 피드백 예시를 살펴보겠습니다.

온·오프라인으로 소통하는 쌍방향 블렌디드(Blended) 학급운영

2 학생들끼리 상호 피드백하기

친구의 과제에 대한 올바른 피드백을 하기 위해서는 과제와 관련된 학습 내용과 학습 목표를 잘 알고 있어야 합니다. 그래야 수박 겉핥기식의 상투적인 피드백을 피할 수 있습니다. 학생들의 상호 피드백 예시를 살펴보겠습니다.

<우리 생활 속에서 주변에 있는 물건을 활용하여 나만의 발명품 만들기> 실과 과제

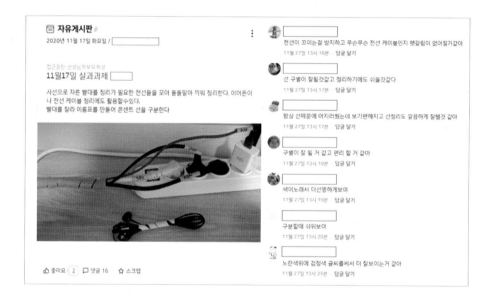

- 발명품을 만들 때 가장 중요한 점: 우리 생활을 정말 편리하게 해주는 것인지 고민해보기
- 학급 친구들의 발명품을 살펴보면서 '우리의 실생활에 유용할지', '어떤 점이 편리하고 좋은지'를 생각하며 댓글 남겨주기

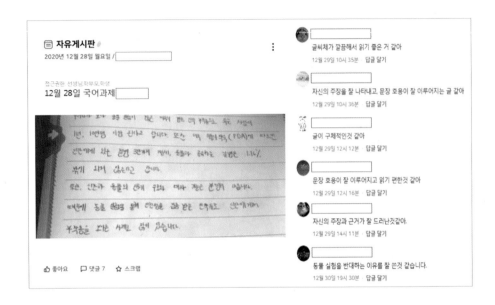

<동물 실험에 대해 찬성 혹은 반대 의견으로 주장하는 글쓰기> 국어 과제

- 주장하는 글을 쓸 때 고려할 점: 자신의 주장이 잘 드러나도록 쓰기, 주장을 뒷받침하는 적절한 근거 쓰기, 타당한 근거 자료 활용하기, 글씨 바르게 쓰기 등
- 주장하는 글을 쓸 때 고려할 점을 잘 생각하면서 친구들의 글을 읽어보고, 좋은 점 혹은 아쉬운 점 등을 댓글로 피드백 남겨주기

❸ 자기 스스로 피드백하기

과제를 평가하는 기준표를 교사가 제공하면 학생들은 스스로 자신의 과제를 피드백 할 수 있습니다. 과제를 하면서 놓쳤던 부분을 명확한 기준표를 활용하여 객관적으로 점검할 수 있습니다. 단순히 과제 제출에 그치는 것이 아니라, 자신의 과제를 살펴보고 반성하는 시간을 갖는 것입니다.

📖 **피드백 기준표 예시 1 (과제)**

영역	항목	잘함	보통	노력 요함
		◎	○	△
태도	작품을 만드는 데 성실하게 임했나요?			
배움	내가 만든 작품은 학습 내용과 관련이 있나요?			
관계	친구의 작품을 보고 잘한 점을 말해주었나요?			

📖 **피드백 기준표 예시 2 (수업 시간)**

영역	항목	잘함	보통	노력 요함
		◎	○	△
태도	수업 시간에 적극적으로 참여하였나요?			
배움	학습한 내용을 배움 공책에 잘 정리하였나요?			
관계	친구의 발표를 잘 들어주었나요?			

ACTIVITY

07 학습에 소외되는 학생은 없어야 한다

초임 교사 시절, 수업에 대한 고민으로 서점에 갔습니다. 가장 먼저 눈에 띄는 책은 한형식 선생님의 『모두가 참여하는 수업에는 법칙이 있다』였습니다. 당시 누 적된 학습 부진으로 수업 시간에 전혀 흥미를 갖지 못하고 의욕 없이 지내던 학생이 학급에 있었기 때문입니다. 학습 부진으로 인해 수업에서 소외되는 학생이 없기를 바라는 마음으로 그 책을 구매했던 기억이 있습니다. 학습 부진아를 도와 모두가 참 여하는 수업을 만들고 싶다는 것은 대한민국 모든 선생님들의 바람일 것입니다. 다 음 다섯 가지 팁을 활용하여 모두가 주인공이 될 수 있는 수업에 대한 실마리를 찾 으시길 바랍니다.

모두가 참여하는 수업을 만드는 다섯 가지 팁

① 소속감과 책임감을 기르는 역할 맡기기

수업에서 본인의 역할이 있다는 것만으로도 수업 참여에 대한 동기를 한층 높 일 수 있습니다. 친구들이 모두 출석했는지 확인하는 역할, 친구들이 수업 시간에 발표를 모두 했는지 확인하는 역할, 수업 시작 및 끝나는 시간을 학급 SNS에 공지하 는 역할 등을 맡길 수 있습니다[4장 6) 가치 있는 역할 참고하세요(119쪽)].

② 일대일 면담을 통해 힌트 제공하기

학습 부진아의 수업 참여도가 낮은 일차적인 원인은 수업 내용을 잘 모르기 때 문입니다. 예습을 하면 학습 내용을 파악할 수 있어 자신 있게 수업에 참여할 수 있 을 텐데, 학습 부진 학생들에게 예습을 하고 오길 기대하는 것은 사실 어렵습니다. 그 대신 그 학생과의 상담 시간을 학습 동기를 유발하는 시간으로 활용할 수 있습니 다. 내일 수업 시간 중 선생님이 할 질문을 미리 알려줍니다. 질문의 답을 미리 알려

쥐도 괜찮습니다. 그 학생이 수업 시간에 그 답을 말한다면 격하게 칭찬해 줍니다. 그런 경험이 쌓이면 그 학생은 그 과목을 좋아하게 될 수도 있습니다. 좋아하는 과목이 하나 생기는 것만으로도 학교생활이 훨씬 즐거워집니다.

③ 세 문제 중 두 문제만 풀어도 Okay!

평가 시 학생들이 풀 수 있는 문제를 넉넉하게 준비합니다. 모든 문제를 다 풀어야 한다는 것은 학습 부진 학생에게 부담감을 줍니다. 몇 가지 문제 중 풀 수 있는 것을 고르게 하고, 그것을 최선을 다해 풀었다면 아주 훌륭한 일이라고 칭찬합니다.

④ 지시 사항은 한 번에 하나씩

지시는 한 번에 하나씩 하는 것이 좋습니다. "수학 책 45쪽 3번 문제를 다 푼 학생은 수학 익힘책 35쪽을 풉니다. 그것도 마친 학생은 공책에 오늘 배운 내용을 활용해서 문제를 냅니다."와 같이 지시를 한다면 그대로 할 수 있는 학생은 그리 많지 않을 것입니다. 지시 사항이 여러 개면 학생들은 혼란을 겪습니다. 어쩔 수 없이 여러 개의 지시 사항을 말해야 한다면 대면 수업에서는 칠판에 적어 두고, 온라인 수업에서는 학급 게시판에 순서대로 써둡니다.

⑤ 수업 시간에도 여백의 미가 필요하다

"빨리빨리 하자~"학생을 작은 어른으로 생각하면 서두름을 요하는 어휘를 많이 쓰게 됩니다. '빨리', '금방', '어서', '얼른'과 같은 단어들입니다. 학생들에게 어른들과 같은 이해력과 속도를 기대하는 것은 어려운 일입니다. 특히 학습 부진 학생이 있다면 수업 진행 중 기다림은 필수입니다. 필기 속도와 문제를 푸는 속도가 모두 느리기 때문입니다. 다른 학생들과의 속도 차가 고민이라면 좀 빠른 학생들(문제 풀이가 빠른 학생)을 위한 도전 과제(더 어려운 학습지)를 미리 준비해두시는 것이 좋습니다.

08 수업의 피로를 덜어주는 환기 방법

혹시 '디지로그(Digilog)'라는 말을 들어보셨나요? 디지털(Digital)과 아날로그(Analog)의 합성어입니다. 디지털 기술 기반에 아날로그적 정서를 결합하는 것을 말합니다. 이 말이 나온 지는 10년이 넘었습니다. 하지만 온·오프라인을 넘나드는 수업을 하면서 어느 때보다 더 자주 떠올리는 말이 되었습니다.

온라인 수업에서는 모니터를 보고 있는 시간이 많기 때문에 같은 시간 동안 수업을 하더라도 대면 수업보다 피로감이 높습니다. 그렇기 때문에 대면 수업 때보다 몸을 움직이고 피로를 풀 수 있는 환기 활동을 더 자주 해야 합니다. 그 환기 활동이 의미와 재미가 있는 활동이면 금상첨화입니다.

① 더 멀리 더 높이 다섯 고개

먼 곳을 보게 하여 눈의 피로를 풀어주는 활동입니다. 자신의 집에서 가장 먼 곳을 보고 오게 합니다. 교사는 약 5분 동안 타이머로 시간을 잽니다. 학생들이 다시

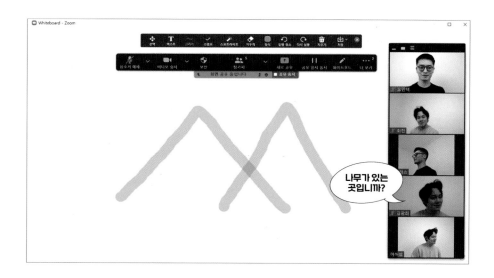

자리로 돌아오면 다섯 고개 문제를 낼 학생을 선정합니다. 이 학생은 주석을 활용하여 본인이 보고 온 것 중 한 가지를 그립니다. 다른 학생들의 질문에 '예, 아니오'로만 대답할 수 있습니다.

② 깔끔 왕 선발 대회

정해진 시간 내에 자신이 있는 공간을 가장 깔끔하게 정리한 사람이 누구인지 선발합니다. 정리 전과 후의 사진을 학급 SNS에 올려 투표할 수 있습니다. 정리 정돈의 필요성을 알게 하고 실천하는 활동입니다. 정리된 책상에서 공부를 하면 차분한 마음으로 더욱 집중하여 공부할 수 있다는 것을 강조합니다.

❸ 대장 스트레칭

한 자세로 오래 앉아 있는 것은 허리 통증과 척추 측만을 유발합니다. 대장 스트레칭은 건강과 재미를 모두 잡을 수 있는 몸풀기 방법입니다. 모두 돌아가며 스트레칭을 리드하기 때문에 소외되는 학생이 없습니다. 모두가 돌아가며 대장이 됩니다. 학생들은 대장의 스트레칭 동작을 따라 합니다. 동작이 생각나지 않는다면 이전 친구와 같은 동작을 해도 좋습니다.

4 Hey DJ!

한 주를 시작하는 날 학급 SNS에 듣고 싶은 노래를 신청받습니다. 게시물에 노래 제목, 가수, 듣고 싶은 이유(사연)를 댓글로 답니다. 교사는 학생들이 온라인 수업에 지쳐 보일 때 사연을 읽어주고 신청곡을 들려줍니다. 우리 반의 이야기가 담긴 음악이라 더욱 의미가 있습니다. 음악을 들을 때 춤추기, 스트레칭, 집안 한 바퀴 돌기 등 몸을 움직이는 활동을 합니다.

5 라인 아트 활용하기

공책에 글씨를 쓰거나 그림을 그리게 하는 과제를 부여하면 모니터에서 시선을 분산시킬 수 있습니다. 또한 그림을 그리게 하는 것은 효과적인 학습법입니다. 언어적인 정보를 처리하는 좌뇌와 이미지 정보를 활용하는 우뇌를 함께 사용하기 때문입니다. "선생님, 저는 그림을 못 그리는데요?"라는 학생을 위해 '라인 아트'라는 마법의 검색어를 알려줍니다. 검색창에 그리고 싶은 키워드와 '라인 아트'를 함께 치면 따라 그릴 수 있는 견본 그림이 굉장히 많이 나옵니다. 그중 자신의 수준에 맞는 그림을 골라 그리게 합니다.

예 검색 엔진에서 '강아지 라인아트' 검색

집에서 가족과 함께할 수 있는 활동

학생들이 부모님과 자연스럽게 대화하며 부모님에 대해 알아갈 수 있는 활동들을 소개합니다.

[활동지 다운로드]
QR코드

1. 가족 이름 한자로 쓰고 의미 알기

- 나의 이름을 한자로 써보고 의미를 알아보기
- 우리 가족의 이름을 한자로 써보고 의미를 알아보기
- 이름의 의미를 바로 알고 이름의 소중함에 대해 인식하기
- 한자 공부를 할 수 있음

우리 가족의 이름 한자로 쓰고 의미 알아보기 ( )학년 ( )반
이름 : _____

♤ 우리 가족의 이름을 한자로 써보고, 그 소중한 의미를 알아봅시다.

1. 나의 이름

이름 :			의미
( )	( )	( )	

☞ 내 이름의 의미를 생각하며, 나는 어떤 사람이 되고 싶은가요?

2. 우리 가족의 이름

우리 _____ 이름을 알아보도록 하겠습니다.

이름 :			의미
( )	( )	( )	

우리 _____ 이름을 알아보도록 하겠습니다.

이름 :			의미
( )	( )	( )	

우리 _____ 이름을 알아보도록 하겠습니다.

이름 :			의미
( )	( )	( )	

우리 _____ 이름을 알아보도록 하겠습니다.

이름 :			의미
( )	( )	( )	

우리 _____ 이름을 알아보도록 하겠습니다.

이름 :			의미
( )	( )	( )	

☞ 우리 가족의 이름을 한자로 쓸 수 있도록, 자주 써보며 익혀보도록 합시다.

♤ 우리 가족의 이름을 한자로 쓰고 의미를 알아보며, 느낀 점을 써보도록 합니다.

2. 부모님 하루 일과 알아보기

- 부모님과 나의 하루 일과의 시간대별 활동을 한눈에 직관적으로 확인할 수 있는 활동지
- 가족의 하루 일과에 관심이 생김 (시간대별 구체적인 하루 일과를 알게 됨)
- 나는 하루를 어떻게 보내고 있는지 돌아볼 수 있음
- 부모님의 시간 사용과 나의 시간 사용을 한눈에 비교할 수 있음

  예 엄마는 하루 중 쉬는 시간이 많지 않으시구나...

  예 나는 하루 중 하고 싶은 것을 하며 노는 시간이 많네...

부모님의 하루 일과 알아보기

( )학년 ( )반
이름 :

◇ 부모님의 하루는 어떨까요? 하루를 어떻게 보내고 계신지 알아봅시다.

오전	07:00~08:00			
	08:00~09:00			
	09:00~10:00			
	10:00~11:00			
	11:00~12:00			
오후	12:00~13:00			
	13:00~14:00			
	14:00~15:00			
	15:00~16:00			
	16:00~17:00			
	17:00~18:00			

구분	■ 해야만 하는 일 (근무, 공부, 집안 일 등)	■ 선택해서 하는 일 (여가, 휴식, 취미생활 등)

◇ 부모님은 하루를 어떻게 보내고 있나요~? 나는 하루를 어떻게 보내고 있나요~?
부모님과 나의 하루 일과를 살펴보며, 생각이나 느낀 점을 적어보도록 합니다.

부모님의 하루 일과 알아보기

( )학년 ( )반
이름 :

◇ 부모님의 하루는 어떨까요? 하루를 어떻게 보내고 계신지 알아봅시다.

			엄마		나
오전	07:00~08:00		일어나서 아침 식사 준비	■	잠자는 중
	08:00~09:00		밥 먹고 출근 준비	■	일어나서 씻고 밥 먹기
	09:00~10:00		회사에 출근해서 일	■	온라인 학습
	10:00~11:00		회사에서 일	■	온라인 학습
	11:00~12:00		회사에서 일	■	온라인 학습
오후	12:00~13:00		점심시간	■	점심 먹고 핸드폰
	13:00~14:00		회사에서 일	■	온라인 학습
	14:00~15:00		회사에서 일	■	컴퓨터 게임
	15:00~16:00		회사에서 집으로 퇴근	■	TV보기
	16:00~17:00		집 안 청소	■	숙제하기
	17:00~18:00		저녁 식사 준비, 식사	■	저녁 먹고 TV 시청

구분	■ 해야만 하는 일 (근무, 공부, 집안 일 등)	■ 선택해서 하는 일 (여가, 휴식, 취미생활 등)

온·오프라인으로 소통하는 쌍방향 블렌디드(Blended) 학급운영

3. 부모님의 학창 시절 알아보기

- 부모님께 질문하며 대화를 한 후, 활동지 정리하기
- 하고 싶은 질문 추가해서 쓰기
- 저학년: 왼쪽 칸에 아빠 / 오른쪽 칸에 엄마
- 고학년(혹은 한 부모 가정일 경우): 왼쪽 칸에 아빠 혹은 엄마 1명 / 오른쪽 칸에 나
- 가족과 편하게 대화할 수 있는 시간(부모님에 대해 관심을 가질 수 있도록)
- 부모님과 이야기하며 공감대 형성(우리 부모님도 나와 같은 학창 시절이 있었구나)

부모님의 초등학생 시절 알아보기	( )학년 ( )반 이름 : _____	
♤ 가족과 함께 이야기를 나누며, 부모님의 초등학생 시절을 알아봅시다.		
어디 초등학교를 졸업하셨나요?		
초등학생 때 별명은? 그 이유는?		
기억에 남는 친구는? 그 이유는?		
기억에 남는 선생님? 그 이유는?		
가장 좋아했던 과목은?		
초등학생 때 꿈은? 그 이유는?		
초등학생 시절 기억에 남는 일은?		
주로 무엇을 하며 놀았었나요?		

♤ 부모님에게도 나와 같은 초등학생 시절이 있었군요! 나와 비슷한 점이 있나요?
부모님의 초등학생 시절을 알아보면서, 생각이나 느낀 점을 적어보도록 합니다.

제6장

약속과 규칙을 배울 수 있는 온·오프라인 PLAY

놀이를 통해 학기 초의 어색한 분위기를 풀고,
자연스럽게 친해질 수 있습니다.

정해진 약속과 규칙을 잘 지키는 것이 더 즐겁게 놀이를
할 수 있는 비결임을 알 수 있습니다.

공동의 목표를 이루기 위해 서로 도우며 협동심을 기를 수 있습니다.

이처럼 놀이는 학생들의 배움과 성장을 촉진한다는 점에서
'하면 좋은 것'이 아닌 '해야 하는 것'입니다.

01 동시에 다른 소리

설명

친구의 말소리에 귀를 기울이는 연습을 할 수 있는 놀이입니다. 친구들이 동시에 다른 글자를 말합니다. 잘 듣고 글자를 조합하여 완성 단어가 무엇인지 맞히는 놀이입니다. 문제를 잘 맞히기 위해서는 차분한 마음으로 다른 사람의 목소리에 집중해야 합니다.

놀이 방법

❶ 문제를 낼 학생들(출제자)을 선정합니다. 문제로 내는 제시어의 글자 수만큼 학생을 선정합니다(제시어가 3글자면 3명, 제시어가 4글자면 4명).

❷ 출제자들에게 제시어 낱말의 한 글자씩 각자 외칠 글자를 알려줍니다.

(온라인에서는 비공개 채팅 기능을 활용하여 출제자들에게 각자 외칠 글자를 알려줍니다.)

- **예** 제시어가 '자전거'면, 3명이 각자 '자', '전', '거'

제시어가 '일석이조'면, 4명이 각자 '일', '석', '이', '조'

❸ "하나, 둘, 셋!" 구호에 맞추어 출제자들은 자신이 맡은 글자를 크게 외칩니다.

❹ 문제를 맞히는 학생들은 출제자들이 외친 글자들을 잘 듣고 조합하여 제시어가 무엇인지 추측합니다.

❺ 정답(제시어)을 알 것 같은 학생 또는 모둠은 추측한 정답을 말합니다. 쉽게 정답을 맞히지 못할 경우, 반복해서 여러 번 들려주도록 합니다.

놀이 팁

❶ 처음에는 맞히기 쉬운 단어로, 점점 맞히기 어려운 단어로 난이도를 조절합니다.

❷ 글자 수를 늘려가며 난이도를 조절할 수도 있습니다.

❸ 수업 시간에 배운 핵심 단어나 사자성어 등을 활용할 수 있습니다.

❹ 온라인에서는 출제자들만 마이크를 켜고 다른 학생들은 음소거를 합니다.

신박한 빙고 놀이 6종 세트

빙고는 학급에서 여러 가지 목적으로 할 수 있는 놀이입니다.

❶ 학기 초에 서로의 이름을 빙고 칸에 써서 게임을 하면 이름도 외우고 어색함
  도 풀 수 있습니다.

❷ 학습 내용을 정리할 때 키워드를 빙고 칸에 넣어 복습할 수 있습니다.

❸ 빙고는 여러 번 해도 재밌습니다. 꼭 친교와 학습의 목적이 아니더라도 '운'
  이 개입되는 게임이기 때문에 학생들이 즐거워합니다. 놀이를 통해 즐거움
  을 느낄 수 있다는 것만으로도 놀이를 하는 의미가 있습니다.

교과서 빙고, 찢기 빙고, 색 빙고, 문어 빙고, 피라미드 빙고, 5×5 변형 빙고를
소개합니다.

① 교과서 빙고

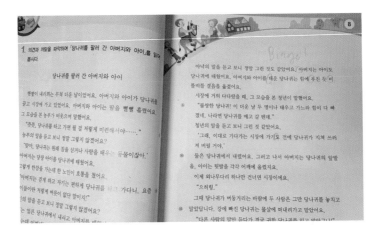

설명

교과서 빙고는 특별한 준비물 없이 교과서만 있어도 게임을 할 수 있다는 장점이 있습니다. 교과서 텍스트 속 제시어를 찾으며 교과서를 한 번 더 훑어볼 수도 있습니다.

놀이 방법

❶ 교과서에 텍스트가 많은 페이지를 폅니다(학생들도 선생님과 같은 페이지를 봅니다).

❷ 글자를 조합하여 제시어가 될 만한 것이 있는지 살펴봅니다.

❸ 학생들에게 제시어를 말하고, 다 찾은 사람은 '빙고!'를 외치게 합니다.

❹ 위의 예시 사진에서 학생들이 찾아야 하는 제시어는 '아부, 비음, 태도'입니다.

놀이 팁

온라인에서 진행할 때 학생들에게 제시어를 만들어보게 하고 그것을 비밀 채팅으로 받아서 제시어로 사용할 수 있습니다. 스스로 만든 제시어가 게임에 사용되기 때문에 더욱 능동적이고 적극적인 게임 참여를 기대할 수 있습니다.

② 찢기 빙고

설명

기존의 빙고와는 다르게 종이를 찢어가며 게임을 합니다. 종이의 양쪽 끝에 있는 것
이 불려야 그 칸의 종이를 찢을 수 있습니다.

놀이 방법

❶ 긴 종이를 접어 빙고 칸을 만듭니다.

❷ 빙고 칸을 채웁니다(예시는 숫자 빙고).

❸ 양쪽 끝에 있는 것이 불려야 그 칸의 종이를 찢을 수 있습니다(여기서는 3 또는 10
   이 불려야 종이를 찢을 수 있습니다.).

❹ 10이 불려서 10에 해당하는 칸을 찢었습니다. 이제 3 또는 9가 불리면 해당 칸을 찢을 수 있습니다.

❺ 마지막 4까지 불리면 '빙고!'라고 외칩니다.

온·오프라인으로 소통하는 쌍방향 블렌디드(Blended) 학급운영

③ 색 빙고

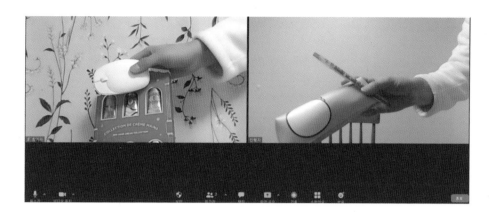

설명

선생님이 제시하는 색의 물건들을 가져옵니다. 위 사진에서 제시한 색은 흰색과 빨강입니다.

놀이 방법

❶ 선생님이 색이름을 몇 가지 말합니다(**예** 초록과 노랑, 검정과 파랑 등).

❷ 학생들은 선생님이 말한 색이 있는 물건을 찾습니다(물건의 일부에 그 색이 있어도 인정).

❸ 다 찾았다면 물건들을 화면에 비추고 '빙고!'라고 외칩니다.

놀이 팁

특정한 물건을 지정하여 찾아오게 해도 좋습니다. 빗자루, 휴지, 칫솔, 치약, 물통, 인형, TV 리모컨 등 집에 있을 법한 물건을 찾아오게 합니다. 놀이를 한 다음에는 물건들을 꼭 제자리에 놓을 수 있도록 지도합니다.

PLAY

❹ 문어 빙고

설명

문어 그림 빙고판을 만들어 빙고 게임을 재미있게 할 수 있습니다. 찢기 빙고처럼 양쪽 끝부터 지워나갑니다.

놀이 방법

❶ 귀여운 문어를 그립니다. 문어의 다리는 여덟 개니까 여덟 칸 빙고입니다.

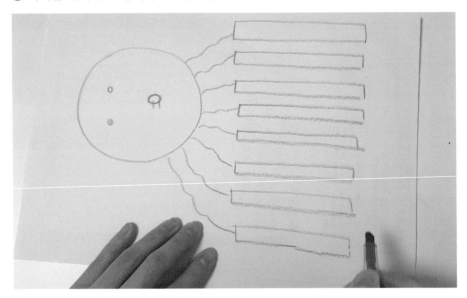

온·오프라인으로 소통하는 쌍방향 블렌디드(Blended) 학급운영

❷ 주제에 해당하는 낱말을 씁니다(주제: 과일).

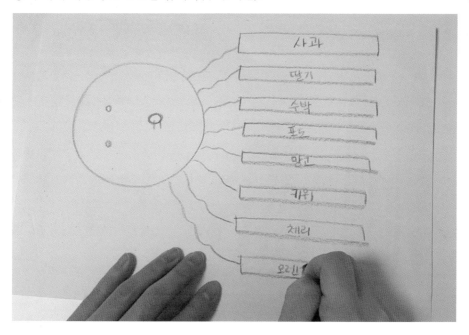

❸ 양쪽 끝부터 순서대로 지워나갑니다. 모든 칸을 지웠다면 '빙고!'라고 외칩니다.

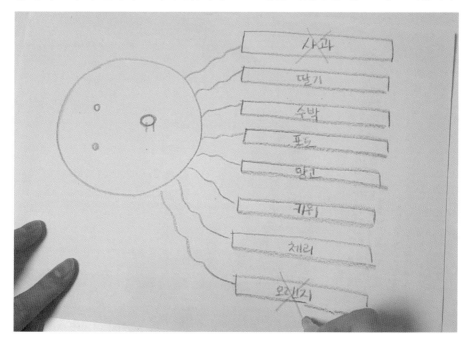

사과와 오렌지가 불려서 지워진 상태입니다. 이 다음에는 딸기나 체리가 불러야 지울 수 있습니다. 양쪽 끝에 있는 것부터 지울 수 있습니다.

놀이 팁
오징어 그림을 그려 10칸 빙고를 할 수도 있습니다.

⑤ 피라미드 빙고

설명

피라미드 모양의 빙고판을 만들어 게임을 진행합니다. 칸을 차례로 지워 한 줄로 연결하면 '빙고'입니다.

놀이 방법

❶ 피라미드 모양의 빙고 판을 그린 후 빙고 판에 낱말을 채웁니다.

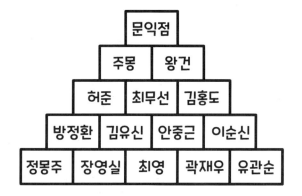

❷ 돌아가며 빙고판에 있는 낱말을 부릅니다. 자신의 빙고판에 있는 낱말이 불리면 ×표시로 지웁니다.

❸ 다음과 같이 ✕표시한 칸이 한 줄로 이어지면 '빙고!'라고 외칩니다.

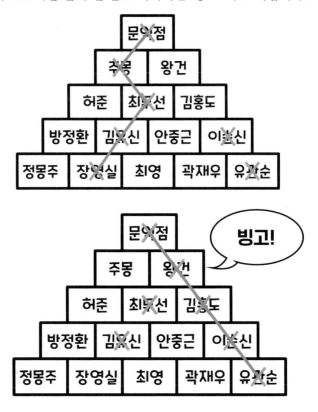

놀이 팁

피라미드 빙고는 맨 위부터 맨 아래까지 한 줄로 연결되어야 합니다. 빙고를 하기 위해서는 위층의 낱말들이 지워지는 것이 더 중요하기 때문에, 다른 사람들이 많이 쓸 것 같은 낱말이 무엇일지 고민을 해야 합니다(다른 사람들이 많이 썼을 것 같은 낱말을 위층에 써야 함). 피라미드 빙고를 복습 게임으로 활용한다면, 학생들은 학습 내용의 키워드를 찾는 능력을 기를 수 있습니다. 어떤 낱말이 더 많이 불릴지 곰곰이 생각해야 하기 때문입니다. 더 많이 불리는 낱말이 학습 내용의 키워드일 가능성이 높습니다.

6 5×5 변형 빙고

설명

기존 5×5(총 25칸) 빙고를 살짝 바꿔 색다른 재미를 줄 수 있습니다. ㄱ, ㄴ, ㄷ 등의 모양을 만드는 자음 빙고, ×자 모양으로 만드는 ×자 빙고, 모든 칸을 지워야 하는 블랙 빙고가 있습니다.

놀이 방법

❶ 자음 빙고: 다음과 같이 ㄱ, ㄴ, ㄷ 등의 자음 모양으로 줄을 그어 빙고를 만듭니다.

14	21	24	9	15
25	2	18	23	8
10	3	17	16	13
11	1	4	5	12
20	22	7	6	19

14	21	24	9	15
25	2	18	23	8
10	3	17	16	13
11	1	4	5	12
20	22	7	6	19

PLAY

❷ ×자 빙고: ×모양으로 줄을 그으면 빙고입니다.

❸ 블랙 빙고: 모든 칸을 지우면 '빙고!'를 외칩니다.

사슴	사자	하마	토끼	쥐
양	낙타	박쥐	호랑이	오리
개구리	늑대	갈매기	두더지	독수리
오리	돼지	소	상어	얼룩말
거북이	코끼리	염소	곰	쥐

놀이 팁

5×5 빙고 게임을 하기 위해서는 총 25개의 낱말을 빙고 칸에 넣어야 합니다. 학생들마다 빙고 칸을 채우는 속도 차가 있기 때문에, 어떤 학생은 기다리는 시간이 지나치게 길다고 느낄 수 있습니다. 기다리는 시간을 줄이고 함께 즐기는 시간을 늘리기 위해서는 선생님이 주제별 낱말을 미리 준비해 두시는 것이 좋습니다.

유관순 이순신 문익점 정약용 안중근 장보고
김유신 을지문덕 주시경 대조영 방정환
안창호 전봉준 장영실 강감찬 이종무 신윤복
신채호 김홍도 김만덕 광개토대왕 최무선
정몽주 최영 곽재우 신사임당 이황 김홍도
한석봉 이중섭 주몽 왕건 권율 허준

주 제 : 위 인 이 름

대한민국 중국 일본 호주 러시아
몽골 카자흐스탄 인도네시아 필리핀 베트남
프랑스 독일 영국 네덜란드 벨기에
캐나다 미국 멕시코 브라질 아르헨티나
칠레 우루과이 쿠바 콜롬비아 이란
터키 모로코 이집트 알제리 인도

주 제 : 나 라

블루베리 딸기 바나나 모과 코코넛
크랜베리 용과 귤 오렌지 자몽
자두 앵두 복숭아 포도 참외 청포도
유자 거봉 메론 수박 매실
살구 감 애플망고 레몬 천도복숭아
구아바 리치 레드향 한라봉 샤인머스캣

주 제 : 과 일

호랑이 사자 오랑우탄 고릴라 강아지
고양이 사슴 토끼 스컹크 수달 해달
닭 양 하마 낙타 쥐 염소 곰 오리 늑대
개구리 고슴도치 박쥐 두더지 독수리
개미핥기 갈매기 기니피그 돼지 소 상어
고등어 갈치 얼룩말 코끼리 코뿔소 거북이

주 제 : 동 물

떡볶이 칼국수 라면 김밥 쫄면
피자 스파게티 막국수 부대찌개 된장찌개
김치찌개 호박죽 회덮밥 볶음밥 짜장면
탕수육 짬뽕 깐풍기 육개장 물냉면 갈비탕
비빔냉면 아구찜 초밥 돈까스 샌드위치
닭갈비 불고기 찜닭 해물찜 감자탕 추어탕

주 제 : 음 식

PLAY

드롭탑 이디야커피 투썸플레이스 파스쿠찌
탐앤탐스 카페베네 더벤티 커피빈 스타벅스
요거프레소 커피스미스 빽다방 블루보틀
할리스 엔젤리너스 카페베네 커피베이 컴포즈
메가커피 셀렉토커피 폴바셋 커피에반하다
주커피 커핀그루나루 네스카페 착한커피
공차 봄봄커피 타이거슈가 토프레소 로즈버드

주 제 : 카 페 이 름

제크 츄러스 아이비 베이키 구운양파 누네띠네
신당동떡볶이 포키 빼빼로 롯데샌드 버터링
엄마손파이 눈을감자 짱이야 꼬깔콘 포카칩
빅파이 쫄병스낵 크라운산도 칸쵸 예감
바나나킥 썬칩 꽃게랑 다이제 양파링 새우깡
자갈치 초코하임 콘칩 알새우칩 빈츠 맛동산
프링글스 에이스 카스타드 벌집핏자 칙촉

주 제 : 과 자 이 름

겨울왕국 와라편의점 위베어베어스 유희왕
고고다이노 시크릿쥬쥬 신비아파트 요괴워치
또봇 헬로카봇 뿌까 스누피 명탐정코난
나루토 심슨 토이스토리 도라에몽 짱구
썬더일레븐 드래곤볼 호빵맨 원피스
보노보노 스폰지밥 포켓몬스터 학교괴담
검정고무신 아기공룡둘리 라바 뽀로로

주 제 : 애 니 매 이 션

진짬뽕 신라면 진라면 안성탕면 육개장
도시락 쫄비빔면 진비빔면 팔도비빔면
수타면 불닭볶음면 옥수수면 너구리
간짬뽕 오징어짬뽕 우육탕면 생생우동
튀김우동 짜짜로니 짜파게티 짜왕 스파게티
새우탕면 오!라면 사리곰탕 꼬꼬면 스낵면
열라면 삼양라면 참깨라면 오동통면 무파마

주 제 : 라 면 이 름

PLAY

본스치킨 치킨매니아 컬투치킨 맘스터치
호치킨 오븐마루 계동치킨 바비큐보스
무봤나촌닭 썬더치킨 구어스치킨 KFC치킨
치킨마루 오븐에빠진닭 멕시칸치킨 60계치킨
티바두마리 둘둘치킨 노랑통닭 처갓집치킨
또래오래 투존치킨 교촌치킨 네네치킨 굽네치킨
BHC치킨 BBQ치킨 푸라닭 페리카나 멕시카나

주 제 :   치 킨 프 랜 차 이 즈

[주제별 빙고 낱말
모음 PPT] 다운로드
QR코드

온 · 오프라인으로 소통하는 쌍방향 블렌디드(Blended) 학급운영

설명

1분 동안 친구의 초상화를 그립니다. 서로의 모습을 그려주며 더 가까워질 수 있는 놀이입니다. 그리는 시간이 길지 않기 때문에 결과물이 좀 우습게 나올 수도 있습니다. 그래서 더 즐거운 놀이입니다.

놀이 방법

❶ 종이를 접어 8칸으로 만듭니다.

❷ 등교 수업을 할 때는 모델이 될 사람이 차례대로 교실 앞으로 나옵니다. 온라인
   에서는 모델을 추천 비디오로 보여줍니다([모두에게 추천] 기능을 사용하기).

온·오프라인으로 소통하는 쌍방향 블렌디드(Blended) 학급운영

❸ 1분 동안 그 사람의 특징을 살려 그립니다. 시간이 끝나면 바로 다음 사람으로 넘어갑니다.

❹ 8명을 다 그렸으면 서로의 그림을 감상합니다.

놀이 팁

이 놀이는 서로의 얼굴이 재미있게 표현된 것을 보고 즐기는 놀이입니다. 혹시라도 심각하게 받아들이는 학생이 있을 것 같다면 놀이의 시작과 끝에 다음과 같이 이야기를 해 줄 수 있습니다. "1분 스케치는 짧은 시간 동안 친구의 모습을 빠르게 그리는 놀이이기 때문에 우스꽝스러운 그림이 그려질 수도 있습니다. 놀이를 놀이 그 자체로 즐기는 사람이 놀이의 고수입니다."

온·오프라인으로 소통하는 쌍방향 블렌디드(Blended) 학급운영

04 텔레파시 포즈

설명

친구들과 생각이 통하는 것은 매우 흥미로운 일입니다. 우리 모둠 친구들과 텔레파시가 잘 통하는지 알아보는 놀이입니다.

놀이 방법

❶ 한 모둠씩 진행되는 놀이이며, 모둠 순번을 정합니다. 한 모둠은 4~5명이 적당하며, 여기서는 A 모둠 – B 모둠 – C 모둠 – D 모둠 – E 모둠 순이라고 임의로 정해보겠습니다.

❷ 먼저 A 모둠 학생들이 교실 앞으로 나옵니다. 반 친구들을 바라보며 차례로 섭니다. 교사는 제시어를 외친 후, "하나, 둘, 셋!"하며 3초 카운팅을 합니다.

　예 "농구! 하나, 둘, 셋!"

❸ A 모둠 학생들은 제시어를 듣고 "하나, 둘, 셋!" 카운팅에 맞춰 떠오르는 포즈를 동시에 취합니다. 모둠당 5개 제시어를 줍니다.

❹ 모둠원들이 모두 같은 동작을 취했으면 점수를 얻습니다(5개 제시어를 모두 성공할 경우 총점 5점).

A 모둠이 끝나면 다른 모둠들도 같은 방식으로 게임을 합니다.

(앉아있는 학생들은 친구들이 다양한 포즈를 취하는 모습을 보며 즐거워합니다.)

놀이 팁

❶ 처음에는 맞히기 쉬운 제시어로, 그리고 점점 맞히기 어려운 제시어로 난이도를 조절합니다.

❷ 포즈를 취할 때에는 동작을 크게 합니다.

❸ 같은 동작인지 다른 동작인지 애매할 경우, 반 친구들의 의견을 묻고 판정을 해도 재밌습니다.

(같은 슛 동작으로 판정하면 성공, 공을 던지려는 동작과 공을 이미 던진 동작으로 보면 다른 동작이므로 실패)

 제시어 예시

운동: 야구, 농구, 축구, 수영, 배구, 탁구, 테니스, 배드민턴

동물: 토끼, 돼지, 코끼리, 호랑이, 개구리, 악어, 곰, 닭

직업: 사진작가, 선생님, 미용사, 요리사, 피아니스트, 가수, 프로게이머

기타: 나무, 꽃, 산, 시계, 하트, 선풍기, 비행기, 아이언맨, 뽀로로

PLAY

05 우리 반에 오면

설명

새 학년도가 되어 새로운 친구들을 만나면, 어색하고 이름을 외우기가 어려울 수 있습니다. '우리 반에 오면'은 익숙한 멜로디로 노래를 하며 우리 반이 하나가 될 수 있는 놀이입니다.

놀이 방법

❶ 학급 친구들이 모두 서로를 바라볼 수 있도록 앉습니다.

● 오프라인: 학생들이 원형 대형으로 앉습니다.

● 온라인: 화면을 통해 친구들의 모습을 봅니다.

❷ ('시장에 가면~' 놀이 방법과 동일)

'우리 반에 오면~, ○○이도 있고, ○○이도 있고~' 박자와 멜로디를 함께 익힙니다. 4박자에 어울리는 동작을 하면서 연습해도 좋습니다.

❸ 지목을 당한 사람이 앞에 나온 친구들의 이름 전부(자신의 이름 포함)와 다음으로 지목할 친구의 이름을 말합니다(맨 앞의 '우리 반에 오면'은 모두가 함께 외치면 더 재미있습니다!).

광희 → 민택 → 철웅 → 은수 순서일 경우,

광희: "우리 반에 오면, 광희도 있고, 민택이도 있고~"

민택: "우리 반에 오면, 광희도 있고, 민택이도 있고, 철웅이도 있고~"

철웅: "우리 반에 오면, 광희도 있고, 민택이도 있고, 철웅이도 있고, 은수도 있고~"

은수: "우리 반에 오면, 광희도 있고, 민택이도 있고, 철웅이도 있고, 은수도 있고, ○○이도 있고~"

(계속해서 이어나갑니다)

놀이 팁

❶ '우리 반에 오면'은 반 친구들이 함께 외치도록 합니다.

❷ 성을 빼고 이름만 부르게 하면 더 친근한 느낌이 듭니다.

❸ 경쟁이 아닌 함께 어울릴 수 있는 놀이이므로 공동의 목표를 정하면 반 친구들이 모두 함께 응원합니다.

> 예 "이번에는 10명을 넘겨보도록 하자."
>
> "이번에는 우리 반 친구들 모두의 성공을 목표로 하자."

06 한 글자 더 눈치 게임

설명

원래 눈치 게임은 서로 눈치를 보며 1부터 차례대로 외치며 일어나는 것입니다. 숫자를 말하며 일어난 사람들은 생존자입니다. 이 게임을 할 때 동시에 숫자를 외치면 탈락하게 됩니다. 이것을 변형하여 한 글자 더 눈치 게임에서는 제시된 질문에 해당하는 답을 한 글자씩 늘려가며 말합니다.

놀이 방법

❶ 선생님이 질문을 던집니다. 예 지금 먹고 싶은 것은?

❷ 한 글자씩 늘려가며 대답합니다.

　A: 빵 B: 수박 C: 팥빙수 D: 카스테라 E: 방울토마토

❸ 다른 사람과 동시에 말하거나 마지막까지 답을 하지 못한 사람들은 탈락

놀이 팁

온라인에서 진행 시 단어를 먼저 외쳐 생존한 사람들은 비디오 끄기를 합니다. 그러면 생존자가 누구인지 쉽게 파악할 수 있습니다.

다음은 놀이에 활용할 수 있는 질문들입니다.

❶ 지금 먹고 싶은 음식은?

❷ 지금 생각나는 과일은?

❸ 지금 생각나는 동물은?

❹ 감명 깊게 읽은 책의 제목은?

❺ 올해 꼭 해보고 싶은 일은?

❻ 다시 태어나면 무엇이 되고 싶은가요?

❼ 지금 내 눈에 보이는 것은?

❽ 내가 좋아하는 장소는?

❾ 내가 좋아하는 물건은?

❿ 내가 잘 할 수 있는 것은?

07 보기 게임

—— (볼펜) 만져보기

—— (볼펜으로) 써보기

—— (볼펜) 쳐다보기

설명

주제 물건을 정하여 [그것으로 할 수 있는 행동]에 [− 보기]라는 말을 더합니다. 마스크가 주제 물건이라면 '써보기, 늘려보기, 돌려보기, 만져보기'라는 말을 하며, 그 말에 해당하는 행동을 합니다.

놀이 방법

❶ 선생님이 주제 물건을 정해줍니다.

❷ 학생들은 그 물건으로 할 수 있는 행동을 생각합니다.

❸ [주제 물건으로 할 수 있는 행동]에 [− 보기]를 붙여 말을 만듭니다(살펴보기, 던져보기, 먹어보기, 쳐보기, 비벼보기 등).

❹ 만든 말에 어울리는 행동을 합니다.

❺ 제한 시간 3초 안에 말과 행동을 하지 못하면 탈락입니다.

놀이 팁

주제 물건은 모두가 갖고 있는 물건이면 좋습니다. 만약 주제 물건이 없는 학생이 있다면 가상으로 물건을 갖고 있는 것처럼 연기를 하며 게임에 참여할 수 있습니다.

08 과연? 과연? 예측 게임

설명

선생님의 질문에 대한 답을 예측하고 결과를 확인하는 게임입니다.

다음 질문들을 활용·변형하여 게임을 진행합니다.

❶ 선생님 필통에 있는 볼펜의 개수는?

❷ 선생님이 입고 있는 패딩의 사이즈는?

❸ 선생님의 한 뼘은 15cm 자보다 클까요? 작을까요?

❹ 선생님과 재호의 머리카락 길이를 비교하면 누구의 머리카락이 더 길까요?

❺ 선생님은 지금 공기알을 손에 쥐고 있습니다. 몇 개를 쥐고 있을까요?

❻ 지금부터 모두 눈을 감고, 정확히 30초 후에 눈을 떠보세요. 우리 반에서 몇 명이 나 성공할 수 있을까요?

놀이 팁

❶ 눈을 감고 30초를 센 후, 눈을 떠보는 활동은 소란스러운 수업 분위기를 환기하 는 데 도움이 됩니다. 교실을 순식간에 조용하게 만들고 싶다면 "자, 지금부터 30초 예측 게임을 시작합니다."라는 말을 기억해 주세요.

❷ 질문에 대한 결과를 시각적으로 보여줄 수 있어야 더 재미있습니다. 예를 들어, '선생님 가족은 몇 명일까요?'라는 질문에는 '3명입니다.', '4명입니다.'와 같이 대 답할 수밖에 없지만 '선생님의 한 뼘은 15cm 자보다 클까요?'라는 질문에 대해서 는 자의 길이와 한 뼘의 길이를 비교하는 모습을 화면으로 보여줄 수 있습니다.

❸ 학생들도 질문을 만들어볼 수 있습니다. 학생들의 질문을 수합하여 재밌을 것 같 은 문제를 냅니다.

학생들이 만든 질문 **예**

'나랑 지유랑 앉은키를 비교하면 누가 더 클까?'

'내 양팔을 옆으로 쭉 벌린 길이는 몇 cm일까?'

'우리 반에 선생님보다 손이 큰 사람이 몇 명이나 있을까?'

09 랜덤 게임

설명

주어진 주제에 대한 하위어를 선택하여 점수를 얻는 놀이입니다.

놀이 방법

❶ 교사가 주제와 주제에 대한 하위어를 준비합니다(하위어의 개수가 너무 많지 않게 합
   니다).

   주제와 하위어 예

   (주제-계절): (하위어-봄, 여름, 가을, 겨울)

   (주제-무지개): (하위어-빨강, 주황, 노랑, 초록, 파랑, 남색, 보라)

   (주제-과목): (하위어-국어, 수학, 사회, 과학, 음악, 미술, 체육, 도덕, 영어, 실과 등)

❷ 학생들은 다른 친구와 상의하지 않고 각자 종이에 하위어 중 하나를 골라 적습니다.

❸ 교사가 하위어를 하나씩 부르면, 해당하는 단어를 쓴 학생은 손을 듭니다.

❹ 같은 단어를 쓴 학생의 수만큼(자신 포함) 점수를 얻습니다.

　＊ 보너스!

　반 학생들이 주제에 해당하는 모든 하위어를 다 썼을 경우, 모두에게 추가 점수를 줍니다.

　[예] 주제가 계절일 때, 우리 반 학생들이 4계절을 모두 썼을 경우

❺ 주제와 하위어를 바꾸어가며 여러 번 진행을 합니다. 학생들은 각자 자신의 점수를 합하여 최종 점수를 냅니다.

놀이 팁

❶ 하위어의 개수가 적을수록 점수를 얻기 쉽고, 하위어의 개수가 많을수록 점수를 얻기 어렵습니다.

❷ 주제와 하위어는 학생들과 이야기를 나누며 정해도 좋습니다.

❸ 같은 주제를 다루더라도 서로 생각하고 선택하는 것이 다를 수 있음을 알게 합니다. 놀이 후속 활동으로 다양성에 대한 교육을 할 수 있습니다.

10 나는 쓰러지지 않아!

설명

수업이 길어지면 학생들이 힘들어하는 것이 보입니다. 이때 앉은 자리에서 일어나 몸을 움직일 수 있게 하는 것이 좋습니다. 이 놀이는 정해진 시간 동안 신체의 중심을 잡는 놀이입니다. 다음 단계로 갈수록 중심 잡기가 어려워집니다.

놀이 방법

① 1단계: 양팔을 벌리고 한 발 들기

② 2단계: 양팔을 위로 뻗고 한 발 들기

③ 3단계: 양손으로 한쪽 발을 잡고   ④ 4단계: 교과서를 머리 위로 올리고
　　중심 잡기   　　한 발 들기

⑤ 5단계: 생각하는 사람 자세로 중심   ⑥ 6단계: 눈을 감고 중심 잡기 – 눈을 감
　　잡기   　　은 상태에서 이전 단계 동작 중 한 가지
　　 　　를 선택하여 중심을 잡습니다.

온·오프라인으로 소통하는 쌍방향 블렌디드(Blended) 학급운영

놀이 팁

❶ 중심 잡기 시간은 약 15초 정도가 적당합니다. 시간은 학년에 따라 증감하여 조절합니다.

❷ 이전 단계 중심 잡기를 성공하지 못했더라도 다음 단계에 참가할 수 있게 합니다. 이 놀이는 승부보다는 몸을 움직이고, 스트레칭을 할 수 있는 시간을 갖는 것에 의미가 있습니다.

❸ 단계별로 가장 오래 버티는 사람을 선발할 수도 있습니다.

PLAY

말랑말랑한 벌칙

놀이에 벌칙이 있으면 놀이 참가자들은 벌칙에 걸리지 않으려고 게임을 더 열심히 합니다. 벌칙을 수행하는 친구들을 보며 더 많은 웃음과 즐거움을 나눌 수도 있습니다. 하지만 벌칙이 상대방을 아프게 하고 수치심을 느끼게 한다면 하지 않는 것이 더 낫습니다. 이번에는 서로의 마음을 다치게 하지 않고, 더 즐거운 학급 분위기를 만들 수 있는 말랑말랑한 벌칙을 소개하겠습니다.

1. 팔꿈치로 이름 쓰기

팔꿈치로 자신의 이름을 씁니다.

2. 종성 빼고 이름 말하기

종성을 빼고 자신의 이름을 5번 말합니다. 예를 들어, '오민택'은 '오미태', '오미태', '오미태', '오미태', '오미태'라고 말하는 것입니다.

3. 포스트잇 떼기

얼굴에 포스트잇을 붙이고, 얼굴 근육의 움직임만으로 포스트잇을 뗍니다.

4. 동요 지휘하기

　선생님이 틀어주는 음악에 맞춰 지휘를 합니다. 너무 긴 음악보다는 짧은 동요가 좋습니다.

5. 코끼리 코 10바퀴 돌고 이름 쓰기

　제자리에서 코끼리 코를 하고 10바퀴를 돈 다음, 자신의 이름을 또박또박 씁니다. 이름을 쓴 종이는 모두에게 보여줍니다.

학급운영에 유용한 도구 소개

📖 온·오프라인 블렌디드 수업 최적화를 위한 구글 문서 활용하기

검색창에 '구글 문서'라고 검색을 하면 다음과 같이 구글에서 제공하는 문서, 스프레드시트, 프레젠테이션, 설문지를 활용할 수 있습니다. 학생들과 실시간으로 협업을 할 수 있어 편리합니다.

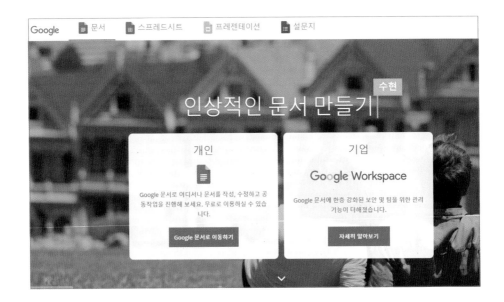

① 구글 문서

구글 문서는 협업 글쓰기에 특화되어 있습니다. 문서를 만들어 학생들에게 링크를 보내면 동시에 또는 각자 원하는 시간에 글쓰기를 할 수 있습니다. 국어 시간에 이야기를 읽고 다음에 벌어질 내용을 상상하여 글을 쓰거나 같은 주제로 시를 써볼 수도 있습니다.

[구글 문서] 예시
QR코드

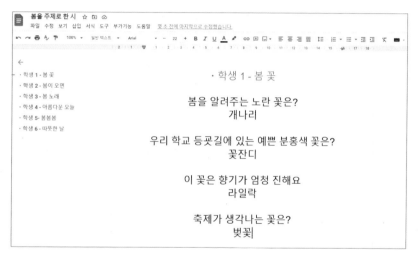

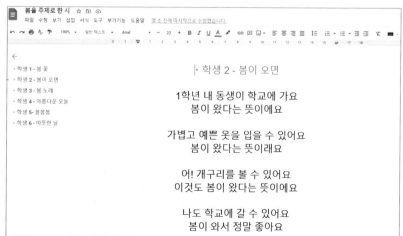

① [+] 버튼을 눌러 새 문서를 만듭니다.

② 학생 수대로 섹션을 나눕니다. [삽입] - [나누기] - [섹션 나누기]

학생이 본인의 번호를 누르면 자신에게 할당된 페이지로 이동할 수 있습니다.

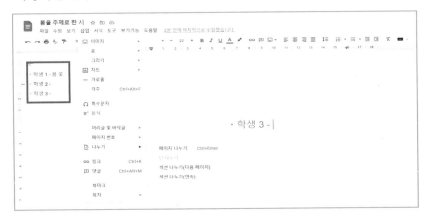

③ 오른쪽 상단의 [공유] 버튼을 누릅니다.

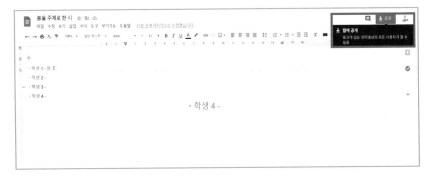

④ [링크가 있는 모든 사용자에게 공개]로 설정하고 편집자 권한을 선택합니다. 그 다음 링크를 복사하여 보내면 학생들이 링크에 접속하여 공동 작업을 할 수 있습니다.

② 구글 스프레드시트

구글 스프레드시트는 마이크로소프트사의 엑셀과 기능이 유사합니다. 스프레드시트 양식에 여러 사람이 동시에 데이터를 입력할 수 있어서 편리합니다. 온라인 수업을 하기 전에는 주로 업무용으로 사용했지만, 다음과 같이 학생들의 토의·토론 의견을 수합할 때 유용하게 사용할 수도 있습니다.

[구글 스프레드시트]
예시 QR코드

① [+] 버튼을 눌러 새 문서를 만듭니다.

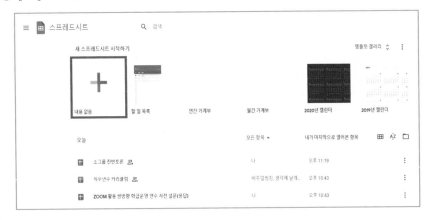

② 그룹의 수만큼 시트를 만듭니다(예시의 그룹 수는 4).

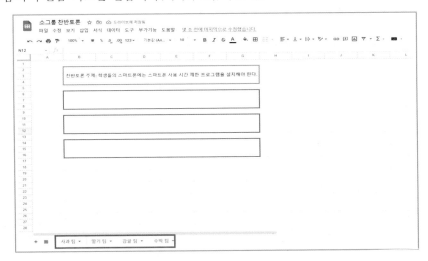

온·오프라인으로 소통하는 쌍방향 블렌디드(Blended) 학급운영

③ 오른쪽 상단의 공유 버튼을 누른 후 링크를 복사하여 보냅니다. 학생들이 링크에 접속하여 공동 작업을 할 수 있습니다.

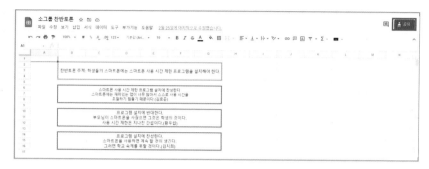

④ 선생님뿐 아니라 모든 학생들이 토론에서 어떤 의견이 나왔는지 볼 수 있습니다.

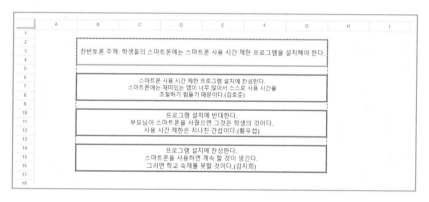

3 구글 프레젠테이션

구글 프레젠테이션은 학생들이 협업하여 발표 자료를 만들 수 있는 도구입니다. 마이크로소프트사의 파워포인트와 기능이 유사합니다. 사용 방법도 거의 비슷해서 파워포인트를 써봤다면 쉽게 익힐 수 있습니다.

[구글 프레젠테이션]
예시 QR코드

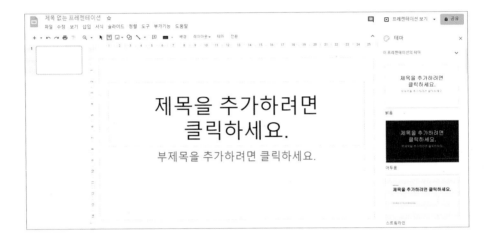

① [+] 버튼을 눌러 새 문서를 만듭니다.

② 새 문서를 만든 후 왼쪽 상단의 [＋] 버튼을 눌러 학생 수만큼 슬라이드를 만듭니다.

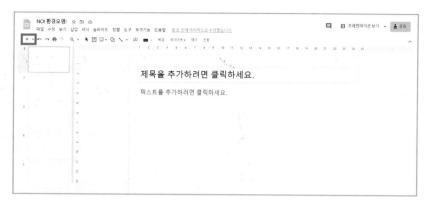

③ 오른쪽 상단의 🔒공유 버튼을 눌러 링크를 복사하여 보냅니다. 학생들이 링크에 접속하여 공동 작업을 할 수 있습니다.

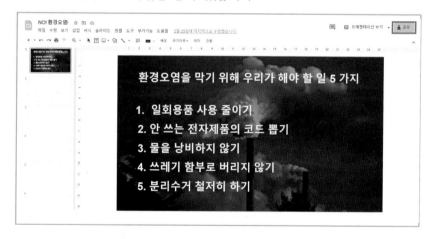

④ 온라인에서 각자 발표 자료를 만든 후, 등교 수업 시 교실에서 발표를 합니다.

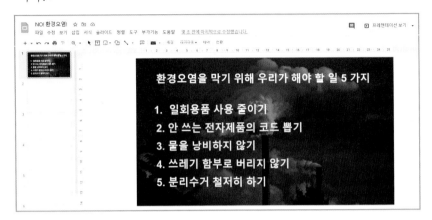

④ 구글 설문지

구글 설문지는 학습 피드백을 할 때 유용하게 쓸 수 있는 도구입니다. 개인 점수와 전체 참가자들의 응답 통계를 볼 수 있습니다. 개개인에 대한 피드백이 가능할 뿐 아니라 학급 전체의 학습성취도를 한눈에 파악할 수 있습니다.

[구글 설문지]
예시 QR코드

식물의 한살이 확인 문제

배운 내용을 확인해봅시다.

이름

오민택

씨가 싹트는 데 필요한 것을 고르세요. 25점

○ 물, 적당한 온도

○ 빛, 물

○ 바람, 물

다음 중 식물이 자라음 나타낼 수 있는 25점

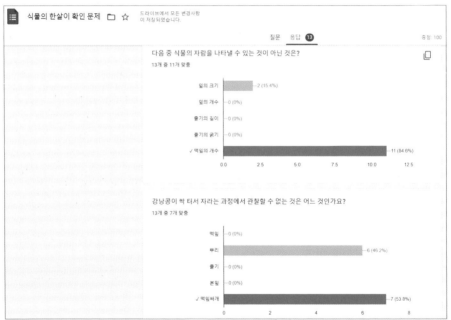

온 · 오프라인으로 소통하는 쌍방향 블렌디드(Blended) 학급운영

학생들과 상담을 할 때도 구글 설문지를 사용할 수 있습니다. 구글 설문지로 상담을 하면 상담기록이 누적되어 편리합니다.

① [+] 버튼을 눌러 새 문서를 만듭니다.

② '단답형' 또는 '장문형'을 선택하여 질문을 만듭니다.

③ 질문을 모두 만들고 링크를 전송합니다.

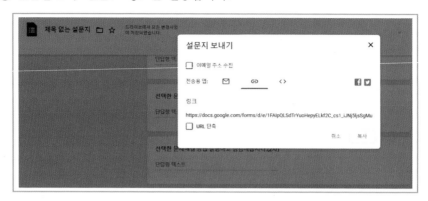

④ 학생들이 응답을 완료하면 [질문 탭] 옆의 [응답 탭]을 누릅니다. 그곳에 학생들이 응답한 내용이 나옵니다. 교사는 내용을 확인한 후, 학생들과 상담을 진행합니다.

의견 수합을 위한 도구

학생들의 다양한 의견을 한눈에 볼 수 있는 도구를 소개합니다.

① 구글 잼보드

잼보드는 화이트보드를 화면에 띄우고 함께 그림을 그리거나
필기를 할 수 있는 도구입니다.

[잼보드] 예시 QR코드

① [+] 버튼을 눌러 새로운 잼보드를 만듭니다.

② [제목 없는 Jam]을 눌러 잼보드의 이름을 정해줍니다. 보통 학습 주제(학습 목표)를 씁니다.

③ 빨간 박스 버튼을 누르면 프레임(화이트보드)을 여러 개 만들 수 있습니다. 여러 개를 만들어 개인별로(또는 팀별로) 하나씩 화이트보드를 사용할 수 있습니다.

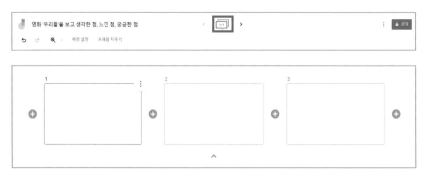

온·오프라인으로 소통하는 쌍방향 블렌디드(Blended) 학급운영

④ 잼보드는 펜으로 글씨 쓰기, 포스트잇 붙이기, 이미지 삽입하기, 도형 그리기 등의 다양한 기능을 지원합니다.

❷ 패들렛(Padlet)

교실에서 종종 학생들에게 포스트잇을 나누어주고 무언가를 적게 한 후, 칠판에 붙이는 활동을 합니다. '패들렛'을 활용하면 온라인에서도 이런 활동을 할 수 있습니다. 패들렛 게시판에 학생들이 자유롭게 글을 적고, 그 내용을 공유할 수 있습니다.

특히 학생들이 교실 앞으로 몰려나올 수 없는 상황에서 유용하게 쓸 수 있는 도구입니다[패들렛의 활용 방법은 '3장 2) 우리 반을 함께 만들어가요.'부분을 참고하세요(57쪽)].

③ 멘티미터(Mentimeter)

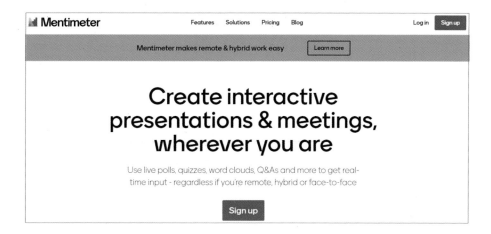

　　교실에서 수업을 하거나 학급회의를 할 때 학생들의 다양한 의견과 생각을 모아야 합니다. 주제에 대해 학생들이 어떤 생각을 하는지, 공통적으로 어떤 의견들이 많은지 한눈에 알 수 있는 도구가 '멘티미터'입니다.

　　실시간으로 취합되는 의견을 모아서 학생들과 공유할 수 있습니다. 시각적인 효과가 인상적인 온라인 도구입니다[멘티미터 활용 방법은 '3장 4) 모둠에 필요한 역할 정하기' 부분을 참고하세요(63쪽)].

퀴즈 도구

학습 내용을 퀴즈로 만들 수 있는 온라인 도구들도 있습니다. 퀴즈를 간단하고 쉽게 만들 수 있는 대표적인 도구로 카훗(Kahoot)과 띵커벨(TinkerBell)이 있습니다. 학생들이 이 도구들을 좋아하는 이유는 퀴즈를 푸는 시간에 따라 점수를 얻기 때문입니다.

문제를 빠르고 정확하게 맞혀야 더 높은 점수를 받을 수 있습니다. 마치 게임을 하는 것 같기 때문에 학생들이 학습에 즐겁게 참여하는 모습을 볼 수 있습니다.

| 저자 소개 |

김광희

메일 주소: kkh2471@hanmail.net

학생들이 성장하며 자기만의 빛을 낼 수 있도록 끊임없이 소통하려고 노력하는 교사입니다.

인천화전초등학교 교사

NAVER 블로그 '어허쌤의 소중하고 의미 있는 기록' 운영

 – 아이스크림 쌤튜브 자율연수 강사

 – 서울특별시 교육청 우리 학교 연수원 직무연수 강사

 – 도담도담 학급운영 연수 강사

 – 도담도담 학급운영 필진

오민택

메일 주소: aloet7@naver.com

기록과 나눔을 통한 성장, 내일이 기다려지는 행복한 교실을 꿈꾸는 교사입니다.

경기화성서신초등학교 교사

▶ YouTube '오클래스 오늘의 교실' 운영

NAVER 블로그 '오클래스 오늘의 교실' 운영

 – 아이스크림 쌤튜브 자율연수 강사

 – 서울특별시 교육청 우리 학교 연수원 직무연수 강사

 – 도담도담 학급운영 연수 강사

 – 도담도담 학급운영 필진

온 · 오프라인으로 소통하는 쌍방향 블렌디드(Blended) 학급운영

초판발행	2021년 6월 15일
지은이	김광희 · 오민택
펴낸이	노 현
편 집	배근하
기획/마케팅	이선경
표지디자인	이미연
제 작	고철민 · 조영환
펴낸곳	㈜ 피와이메이트
	서울특별시 금천구 가산디지털2로 53 한라시그마밸리 210호(가산동)
	등록 2014. 2. 12. 제2018-000080호
전 화	02)733-6771
f a x	02)736-4818
e-mail	pys@pybook.co.kr
homepage	www.pybook.co.kr
ISBN	979-11-6519-154-2 93370

정 가   15,000원